我 执

梁文道

广西师范大学出版社
·桂林·

图书在版编目(CIP)数据

我执/梁文道著.—桂林:广西师范大学出版社,2009.4
(2012.10 重印)
ISBN 978-7-5633-8387-0

Ⅰ.我… Ⅱ.梁… Ⅲ.①散文-作品集-中国-当代
②随笔-作品集-中国-当代 Ⅳ.I267

中国版本图书馆 CIP 数据核字(2009)第 048401 号

广西师范大学出版社出版发行
(桂林市中华路22号 邮政编码:541001)
(网址:www.bbtpress.com)
出版人:何林夏
全国新华书店经销
发行热线:010-64284815
北京汇林印务有限公司

开本:880mm×1230mm 1/32
印张:9.625 字数:120千字
2009年4月第1版 2012年10月第9次印刷
印数:150 001~160 000 定价:26.00元

如发现印装质量问题,影响阅读,请与印刷厂联系调换。

ātma-grāha

星辰也有忧郁的影子

邓小桦

现在我们已经这样认为,将来的历史也必会如此记载:梁文道是中国公共知识分子的代表人物之一。他在中国内地以及港台地区的各大报刊、电台及电视台,为传播知识和理性、匡正时弊做着无数工作,真的,每当感到世界失去理性时看到梁文道的文章,我就觉得庆幸与他生于同一时代。他的生平简史,早有书面和网上的访问记载。然而我想,《我执》的出版,还是让"世界要起六种震动"的。

《我执》一书所收文章,大多写于2006年至2007年间。当时在香港一家财务不断传出问题的报刊上,出现了"秘学笔记"这个专栏,让城中的文艺青年像染了毒瘾一样追看,每次谈起那些语气平静的文章时我们都激动得语无伦次。那个专栏里呈现了一个前所未见的梁文道——一个理性睿智的公共人物,平时挟泰山而超北海的,原来内在也有诸种深沉的软弱、难以排解的焦虑,诸种人际必有的摩擦原来也如藤蔓纠缠在他那看来水镜鉴人的心灵里,长成一片过于深邃的阴霾。被切成豆腐块专栏,但《我执》有完整的叙事。一个看来什么都可以做得很好的人,在核心的爱情与家庭范畴上遭遇无法扭转的挫败,他经历千回百转的等待与探问,在过程中检视自身历史与拷问内心,在绝望中忏悔,背负起自己的罪,然后走向宗教。梁文道做什么都这么有条不紊,总像一早便有计划了然于胸。而他每次都会告诉你,他是一边写一边想的,并无事先计划,甚至"没有你们想得那么多"。如此说来,他如果不是拥有能将未来往他的方向扭转的意志力,就是拥有极强大的组织能力去言说事态和自我。

为什么爱情、死亡和战争是人类文学史上三个最重要的主题?我想是因为这三件事物都会将一个无法内化的绝对他者、一种无法掌控的陌生状态强行置入个体的生命。而如鲍德里亚所说,战争现在已变成不可见的按钮游戏,杀人不见血;而日常的死亡已经被干净文明卫生的医疗系统隔离,爱情就一枝独秀地成为今日最普遍的经验及主题,经得起无穷诠释。正如那个耳熟能详的神话:人在被创造时本是完整的同体生物,后被分成两半,孤独的一半流落世上,永远追寻那与自己完美相合的另一半。爱情是对完满的追求,而其基础是核心性的匮乏。(故事令人悲伤的注脚是,世界这么大,谁也保不定能够找到那完美的另一半,我们也许便会在孤独和缺憾中等待死亡。)那么,我们正是在无法接近爱情的时候,才能更透彻地理解爱情的核心与本质。满身亏欠的梁文道,坐下来面对匮乏,书写爱情。当我看到他在演讲后被女粉丝包围索取签名和拍照,我无法不想起,他笔下的暗恋,还有被拒绝的哀伤。

当梁文道在专栏中开始持续大量引用《恋人絮语》的时候,我单刀直入问他是否失恋了(并以一种诗人的狂妄态度说:你为什么还要引用罗兰·巴特呢?你写得比他好多了),被他乱以他语。但我怀疑所有失恋的知识男性都会一发不可收拾地引用《恋人絮语》——真正热恋中或心情平和的人哪有空做这种事?只有感到失去爱情而又不能在感性的抒情话语中安顿自己的人,才会那么渴望一个能够继续生产意义的符号系统,这系统能够让主体停留在"爱情的感受"中,咀嚼那些令人肝肠寸断的表征(signifier)。等待、音讯、拒绝、错误、隔绝、回忆,细节无穷。宇文所安说,一如浮沙沉戟,文物的碎片借代同时证明了历史的真实存在,记忆的断裂与失去证明了记忆的真诚与珍贵——又是到了何种情境,一个人会以伤心来保留爱情?

爱情的表征其实就是个人的血肉,梁文道切割自己时冷静如执手术刀,不愧是自幼有天主教修行经验的(现在他已皈依佛教)。我常觉得,没有什么比他写评论、公开讲话和录制节目时习惯的自问自答方式,更合乎启蒙的理性与亲民光辉。梁文道是念哲学出身的;对答体的起源是古希腊哲学书写,德里达(以颠覆的形式)补充的这种书写其实一早掺和了文学的修辞血液——而哲学和文学的共通之处,就是喜欢无法回答的问题。唯深沉能引发追索。在本书中,梁文道的设问一反常态,读者无法像在看时评听演讲看电视时那样轻松得到答案——情歌为情人还是为自己而唱?受伤竟然等于空白?忏悔如何可能?"重新开始"一段恋情如何可能?原来梁文道有时也会,只想我们随他沉入溶溶黑夜。而这黑夜只是深沉,并不颓废,始终生产意义——往往是在爱情的挫败里我们不断地寻求解释,意义正是在诠释的失败中开始重新产生。列维-施特劳斯提示我们,契尔基人认为蓝色代表失败,而兰波歌咏的蓝色代表理性;《我执》如此巧妙地结合了蓝色的两种相反意指,而又那么合乎对蓝色的最普遍理解:安静的忧郁,理智的哀伤。

  他安静地走到绝望的平原,见到黑格尔所谓的"世界黑夜"。他讲述焦虑,那是静止的煎熬。我们是为失去而焦虑吗?不,根据心理分析,焦虑的产生是因为失去了与欲望对象的距离。焦虑是因为太过深爱,在失去的时候便把自我和欲望对象融为一体。"爱欲"二字相连,欲望与爱情同构。拉康非常浅白地解释了欲望的本质:出于生理的要求,是"需要"(need),如婴儿饿了要吃奶,会哭;而与抽象的需要有关的,如婴儿渴望母亲的爱,是"需求"(demand)。有时不懂自己的婴儿会以need的模式表现demand,如婴儿想要母亲的爱,会像想吃奶那样哭;但如果母亲不给予爱而只给孩子吃奶,其实婴儿无法满足,这便产生欲望(desire)。

desire=demand-need。desire就是抽象的永远匮乏，无论它看来有个多么确凿的目标，它其实只是一种永远追寻的无法被满足的驱动力（drive）。能超越欲念的大概就是修行吧——那么修行者就是与欲念最接近的人了。齐泽克半带嘲讽地扭转了奥古斯丁的话：阳具勃起就是代表了人之为人的本质，只有人会受邪恶诱惑。

《我执》有浓厚的忏悔录风格，哪些来自奥古斯丁哪些来自卢梭，无法一一细表。忏悔录的英文apology有"抱歉"之意，但张大春曾直指"抱歉"之无效：抱歉者在抱歉过程中定义了整个"事实"要对方接受，这算不上诚意；而无论事态是在发生中而无法阻止、已发生而无法改变，抱歉都是无效的。因此，apology的意思，其实是辩护。所以忏悔常让不怀好意者如我想到忏悔的循环，像《红玫瑰白玫瑰》结尾："第二天起床，振保改过自新，又变了个好人。"最好看最诱惑的文章，总是书写忏悔与堕落间的循环往复。梁文道以其对话语操作的娴熟和穿透现实的认知力，能够超越循环吗？闻知他近来潜心修佛，破除我执，酒席上说法证道也听得我几乎顽石点头。

听梁文道说，修行并不是让自己五官退化、对外界失去感应，而是在静修禅定里对一切感官反应变得极度敏锐，但却切断感官之后的反应、因果之链：见美女仍然是美女，但却没有了连接的欲望反应。我暗暗松一口气，如此说来修行应该不会取消梁文道的敏感了。《我执》里有一个极其敏感柔软的梁文道，我其实很难想象，得有如何的意志才可以在这样的敏感中同时忍受生活？他深明"不回电话的就是主人"里的权力机制，他会不忍有缺陷的书籍被顾客一直冷待，他比谁都知道"就是不能不笑"的辛酸。

《小团圆》出版，痴心的我们本是一向被张爱玲本人训练成只问小说不问真事的，到最后张本人要把真实的自己真实的事写出来，可不叫我等文学出身的粉丝手足无措。如何消解对于文字的压力，如何品味真实引出的外文本力量，一时成了所有张迷和文字爱好者的议题。《我执》当然比《小团圆》安全，但里面的确有外面看来滴水不漏的梁文道的私密事，包括他的家庭。如果"窥私"是让我们看到，看来伟大而高高在上的人物"也和我们一样"（后面多半配上贪婪／自私／软弱等负面词语），因而产生了把偶像拉到泥尘里的快感——那么"秘学笔记"给我们的震动就在于，有一个活生生的人，他有着和你一样的软弱关节，而又以你所不能及的难度处理深渊并完成超越的动作，于是窥私的快感在这里会被彻底转换为压倒性的崇高感。康德所谓的崇高（sublime）是一种超越"美"的、摇撼你原有的认知框架的压倒感，些微精神崩溃的状态。被崇高感围绕的感觉，大概就如梁文道在《可怖之美》一文里引用的里尔克诗句所言。

梁文道是摩羯座，与毛主席同一天生日。冷静理性的摩羯规律严谨，那是梁文道的公共一面。而同时他的上升星座是射手，是人的理性头脑加上野马的四蹄，高速往你意想不到之地奔去。梁文道总是要出乎他人的意料，比如突然在普天同庆的节日里，跟我说那苦茶般的周作人是最影响他的作者之一；又曾大笑着说胡兰成是他大学时的"偶像"："他有时真的待女人如工具！"梁文道中学就开始在报刊上发表文章，初出茅庐就四处与人笔战，惊动波澜；他年少时的轻狂在香港更是出了名的，我曾写过一篇访问《动物凶猛——梁文道令人发指的青春》，讲他在大学里匪夷所思的行径，访问时数度笑到眼泪流下来。那次还是初次见面。当时他正成了电台总监，春风得意，却接受我们那劳什子学生报的访问，态度还是谦恭到近乎"夜半虚前席"的。当他已经在街上无人不识的时候，第一次致电给人时还是会自我介绍："你好，我姓梁，我叫梁文道。"谦退得对方都怔一怔。别人出书总找年高德劭的人作序，众星拱月，他却找我这写诗搞文学的香港黄毛丫头——爱惜后进到了人人都诧然的地步，他依然理所当然，连解释都省了。我时常故作粉丝代表向他传达整个文艺界对"秘学笔记"的敬佩，加油添酱，手舞足蹈，每次听完他总是说："想不到我写的这点东西都有人会看，真感谢你。"这说法听在粉丝耳里真是古怪之极，但他真的每次都这样说。

　　他真的在一种"不会有人读"的想象之下完成这批杰出的散文吗？感觉私密的文学书写容纳记忆、情感与想象，它中和金属疲劳及拉扯现代化的进程的方法，还包括让人反观自照："我很怕在荧光幕上看见自己，正如我愈来愈怕在报刊上看见自己的文章。不，还不是因为我觉得那不是自己（什么又叫做'自己'？）；而是节目里的自己是那么无聊，嘴巴一张一合（我到底在说什么？），比鱼还无聊。"在一份销量低沉的报纸里占一个方格，梁文道把自己浸入文学书写的那种僻静与自由氛围，做平时评论不会做的事：写景，抒情，虚构。比如他会写景驰骋文笔，虚拟大城的千年风景——记得当时我们曾死谏"大城之路，要有尽头"，希望他尽快回复以前兼具沉思与爆料的爱情主题，一向从善如流的他却笑道"我才不会理你们"。又比如极短的自传体小说，代入到他人的角度去感受另一个现实，于是有那几篇令人寒毛直竖的"我死去的孩子"系列，里面有想象的孩子孤独成长，与父亲老来受到的冷漠对待，但最恐怖的是连"想象"都再不能保护我们，"这些只是想象"的现实比想象的内容本身更沉重。因此梁文道知道什么是"比真实还好"：坏事希望它不是真的，好事更不必问真假。没有人会忘记他写过的大背包女孩,夜夜背着装有所有随身物品的大背包到他那里过夜,但他们甚至不拥抱,仿佛她从没有来过。

或者,寄托想象和情感的文学,是我们的影子——即外于自身却又不能割离的一部分——失去影子我们就成了鬼魅。

梁文道确曾向我提及他的金属疲劳:"有时分不清自己是不是在做节目。"社会学者理查德·桑内特说过,在私密性逐渐压倒公共性的转折时代,由于大部分人认为在公开场合流露情感是羞耻的事,而某些人会被民众赋予这种公开流露情感的特权(或者说代民众流露情感的责任)——因为这些人有更敏锐的感受力、更能感动人的表达力,以及超于常人的控制力,不会失控。他们必须清楚人们本身的模糊感受,将之提炼为更高层次的爆发,而在爆发后又能理性地出入自如。这三者缺一都会有损于威信。这是对群众领袖、杰出作者的要求,也同时是对于演员的要求。历史上的著名先例是左拉,他在1898年为"德雷福斯事件"给法国总统写了一封长达四十页的公开信《我控诉》,里面痛斥了法国整个政治及司法制度的腐败,其实并没有确实论点和证据,却可以把同意和反对的阵营像红海那样分开两半。刊出后,整个巴黎都在谈论左拉,德雷福斯事件变成了左拉事件。梁文道曾经在香港的天星皇后码头保育运动里做了类似的事,就是写了一封叫《时间站在我们这边》的公开信给发展局的官员,在码头被拆掉后言说保卫者的胜利,也把社会上的进步者和保守者像红海那样鲜明分辨。他一定明白,在这个忧伤难言的时代,他被挑选为最重要的群众领袖、杰出作者、演员。因为他曾是一个日夜颠倒、只为自己的兴趣工作而不上班的人,在黑夜将尽的清晨街头同时看到终结与起始,宿醉者的颓唐与循规者的碌碌,而他不属于任何一方。他在静坐禅修时可以把感官提升到超人的敏锐,这些敏锐让他理解苦难,并因慈悲而行动。

梁文道是何等机巧——我教写作时常常向学生讲解《我的病历》:他非常简洁透彻地交代疾病的客观情况,使用术语来显示知识,形容痛苦时不带情绪,病发时所有心思都用在计算周遭情况、他人反应之上——语言操作是简单的,那股计算的意志才是深不见底——那时他才二十岁出头。一个机关算尽的人之绝望,大概会是真正的绝望。然而梁文道的文风有英国知性散文的传统,那是以冷淡来表达自己的真诚。像《延滞》里写收到恨意如火的信,他的反应是"我却想象,他其实已经不恨我了。就在他写完这封信之后,就在他寄信的一刹那,又或者在这封信漂洋过海来到我桌上的这段期间,连人都可以在一瞬间死亡,何况人的情绪?"这真是叫人惊心动魄的冷淡,万物如一的冷淡。并不是很多伤心绝望的人能跳出自我,以旁观者般的语调向人一一剖析自己的情感、历史、罪愆,兜兜转转但一无自溺,他的真诚来自他对自己的冷淡,看他在书展叫卖时瞬间面对生死旧情,末了竟能以叫卖成果将一切轻轻带过。他的脆弱都由他自己处理,素情自处,甚至轮不到你担心。他的秘诀乃是与一切保持适当距离,包括对自己,以令观察透彻,又不失去行动的能量。对于这样的人,只能引用世上最懂讨好人的胡兰成:"瞿禅讲完出去,我陪他走一段路,对于刚才的讲演我也不赞,而只是看着他的人不胜爱惜。我道:'你无有不足,但愿你保摄身体。'古诗里常有'努力加餐饭',原来对着好人,当真只可以这样的。"

我和梁公通电邮时常常无话可说,只有叫他保重身体。他大概以为我是客气。

[邓小桦:香港作家,社会运动参与者。现为"本土行动"成员,《字花》编辑,作品有诗集《不曾移动的瓶子》及散文集《斑驳日常》。]

目 录

002　　星辰也有忧郁的影子/邓小桦

八月

017	一日	题解	049	十七日	新我
019	二日	思念那不在者	051	十八日	水底之城
021	三日	不可分类者	053	十九日	同一条河
023	四日	禁欲	055	二十日	对不起什么
025	五日	真理	057	二十一日	不可饶恕
027	六日	树犹如此	059	二十二日	不可能的宽恕
029	七日	解谜	061	二十三日	无名之伤
031	八日	空洞	063	二十四日	可怖之美
033	九日	真名	065	二十五日	白鲸
035	十日	情人之名	067	二十六日	瓶中信
037	十一日	修辞	069	二十七日	反刍
039	十二日	点歌	071	二十八日	谎言
041	十三日	模式与个人	073	二十九日	重逢
043	十四日	从圣诗到情歌	075	三十日	黑暗之心
045	十五日	情歌的幻觉	077	三十一日	河口
047	十六日	不如我们从头来过			

九月

079	二日	魂断威尼斯
081	三日	暗恋
083	四日	暗恋的道德
085	五日	偷窥
087	六日	爱的理型
089	七日	视而不见
091	八日	扮演上帝
093	九日	没有心的男人
095	十日	成就文学的方法
097	十一日	还债
099	十二日	他不是
101	十三日	借用
103	十四日	笑话
105	十五日	静物
107	十六日	诱人的寂寞
109	十七日	有钱人的笑话
111	十八日	空房
113	十九日	搬出去
115	二十日	记忆术
117	二十一日	身体里的家
119	二十二日	逃逸
121	二十四日	真空
123	二十五日	同居
125	二十六日	生日
127	二十七日	帝国
129	二十八日	放逐
131	二十九日	书房
133	三十日	残缺

十月

135	一日	挫败之书		163	十六日	杭州绣户（一）
137	二日	孤独如狗		165	十七日	杭州绣户（二）
139	三日	寻常		167	十八日	寻梦
141	四日	最初		169	十九日	新城
143	五日	电视		171	二十二日	古代
145	六日	床边的故事		173	二十三日	废墟的冷漠
147	七日	因信称义		175	二十四日	废墟不在别处
149	八日	月亮的时间		177	二十五日	垂钓
151	十日	纪念		179	二十六日	无法承受
153	十一日	倾城		181	二十七日	回归
155	十二日	相信		183	二十八日	启示
157	十三日	信物		185	二十九日	希望
159	十四日	罗马		187	三十一日	演出
161	十五日	杭州				

十一月

189	一日	梦的反复
191	二日	深度
193	三日	我会做的事
195	四日	电视里的亡灵
197	五日	死生契阔
199	六日	拯救自己
201	七日	造孽
203	八日	清洗
205	九日	儿子的记忆
207	十日	本能
209	十一日	码头
211	十二日	忘川
213	十三日	原初罪行
215	十四日	虚荣
217	十五日	奇缘
219	十六日	明星
221	十七日	流星
223	十八日	明星的小孩
225	十九日	偶像
227	二十日	骄傲

十二月

229	一日	音讯
231	二日	光年
233	三日	风筝
235	四日	落发（一）
237	五日	落发（二）
239	六日	狮子
241	七日	情书
243	八日	延滞
245	九日	追逐
247	十日	时间里的爱情
249	十一日	距离的消失
251	十三日	释放
253	十六日	星的距离
255	十七日	大城之路（一）
257	十九日	大城之路（二）
259	二十一日	大城之路（三）
261	二十三日	大城之路（四）
263	二十五日	大城之路（五）
265	二十八日	平安夜
267	二十九日	佳音
269	三十一日	沙之书

271　跋

杂稿拾遗

i	选美	xii	书展再见
v	我虽千年能变化	xvii	我的病历
ix	一日	xxviii	容器

题解

八月一日

我都知道了；这一切谎言与妄想，卑鄙与怯懦。它们就像颜料和素材，正好可以涂抹出一整座城市，以及其中无数的场景和遭遇。你所见到的，只不过是自己的想象；你以为是自己的，只不过是种偶然。握得越紧越是徒然。此之谓我执。

思念那不在者

八月二日

　　罗兰·巴特 (Roland Barthes) 在《恋人絮语》里有一个关于情欲的敏锐观察:"许多歌谣与旋律描述的都是情人的不在。"它们总是不厌其烦地述说情人远去的失落,因离别而起的愁绪,与孤寂守候的难熬。为什么?因为这是一个时常出现的状况,情人总有暂别或者消失的时候?还是情人按其本质就是一种长久不在、永远隐身的对象?

　　答案似乎是后者,情人就是那不在身边的人;而且就算他在,也永远消除不了他流离他方的幻觉,与自己被留在原处无法跟随的惆怅。为了解释这么奇特的情况,罗兰·巴特还特别引用了一个古希腊词：pathos，对于那不在者的思念与渴望。

pathos这个词与其他表述爱欲的希腊文共有一种亲缘关系，那就是无法穷尽、永不满足的缺憾。不知何故，意中人不在眼前，我固然日思夜想；即使他在不远处，我却依然难以抑止对他的渴望。何等怪异，却又何等正常，以希腊人的理解，这正是情欲的定义；而那情之所钟的对象，就是你的情人了。

缘此我们又能领会另外一类不可思议的状态了。平常我们老是听说情人影像在脑海之中挥之不去的滥调；但是有些人却正好相反，愈是思慕，愈是失落，因为他无论如何就是想不起意中人的容貌。由于记不起对方的样子，他就愈努力去记。以至于再也分不出，究竟是因为忘记了对方而努力思考，所以成了爱情；还是因为爱情，才遗忘了对方，失却了对象。愈是想得，愈不可得，pathos的终极矛盾。

不可分类者

八月三日

不可分类,古希腊文有个对应的词:atopos,意思就是独一无二,难以收纳入任何类别任何范畴。

罗兰·巴特在《恋人絮语》里如是说:"……很有性格特点,根据他的特点将他归类并不难('他''很冒失','很精明','懒惰',等等),可我偶尔发现他的眼神里有时竟流露出这样的'纯真'(没别的形容词),以致我无论如何都得在一定程度上将现在的他和原来的他区别开来,与他的本性区别开来。在这种时候,我对他不作任何评论。纯真就是纯真,atopos是无法诉诸描述、定义和言语的。"

这段话涉及西方情爱观念的核心：归类与不可分类。所谓归类，其实就是我们常常会被问到的："你喜欢哪一类型的人？"似乎在我们爱一个人以前，首先爱的是一个类型，一种体相，一种性格和特质。这样的类型也许像柏拉图的"理型"，不存于此世，只能在脑海之中飘浮。然而，正如符合严格教学定义的圆形只存在于理念层面，世间却无一圆形真正完美一样；你若凭你喜欢的类型寻找，也终将一无所得；即使找到，有一天也必将发现他原来不是理想中的那个人。因为理想的类型，顾名思义，在理想的世界里面。

可是或许有那么一刻，我们会发现一个不能归类的人，甚至与理想的类型完全沾不上边，但他那点无法分类的东西却吸引住了自己。就像巴特所说，那点东西是描述不了的，甚至连"东西"二字也难以应用。这就是惊人的纯真了，意外而且突然地闪现，令人目眩神迷。无法描述，故此不可归类，因为语言总是类别。文字言语不可染，atopos乃不可分类的纯真。

禁欲

八月四日

很多人都知道"哲学"二字的希腊文本义是"爱智"（Philosophia），对智慧的爱慕。然而，这种爱是什么爱呢？

在我的理解里面，它和我们曾经说过的pathos同根同源，同样是一种得不到满足的爱，因为对象永远在彼处，或许看得见，可是追不着，犹如夸父逐日。因此哲学教懂我们的第一件事，就是谦卑，因为你虽爱慕智慧，但你永远得不到智慧，他总在你的掌握以外。故此，哲学家是"爱智之人"（Philosopher）而非"智者"（Sophist）。

我一直以为在自己与自己所追求的智慧之间，不可有任何干扰,更不得玷污;以至于偶尔受人称赞"有学识"的时候,也会因感到不洁而苦恼。长此以往,遂诡异地养成了一种知识上的禁欲态度,总是想象有那么一天,我应孤身独处,把剩下的岁月全部用在一部典籍的校注之上。仿佛爱一个人,却要努力克制自己的情欲。对于知识与智能,吾人也不应滥情,随意张口就说:"我爱智慧";反该默默地谦卑地爱他,自己构想那最终的完美结局。

又是罗兰·巴特:"禁欲是自杀的一种改头换面的替代品。不因爱而自寻短见也就意味:下定决心不去占有对方。少年维特自杀的那一瞬间,本来大可以选择放弃对他的意中人夏洛特的占有欲:不是禁欲就是死亡(可见这是个多么庄严的时刻)。"

然而,终究徒然。因为禁欲那种弃绝占有,任其自来自去的态度反而是欲望的极度扩张:不占有对方,却试图将对方一直默存心中。何苦?

真理

八月五日

当恋人在对方的身上看到了纯真,他就会以为自己得到真理,他以为自己看到了别人看不见的真实,拥有了一座他人既没发现更不理解的隐秘花园。

这时外人或许就会嘲讽他:"什么?这有什么特别,谁都知道他很纯真,我们谁都看得见。"但他坚持己见,不屑争辩,因为他知道自己看见的只属于他自己,独一无二,不可形容。更重要的是这种真实的纯真,对方最绝对的特点,同时使恋人得救,把他也投进了一个真实的场域。

情形一如人神之间的灵契体验。正在祈祷或者冥想的信徒明明知道自己不是唯一的信徒，也了解此时此刻还有无数人也正进入这个神秘的领域。可他硬是觉得神只在听他一人的言语，又响应他的思绪。这超脱而神圣的一刻使他高拔脱俗，再也不是世间的虚假所能阻挡掩盖。发现真理的人是有福的。

然而情人却又最喜欢质疑真实，不只担忧对方的"真心"，甚至还要像张爱玲那样去问胡兰成："你是真的吗？"这么一来，他又从真实的领域坠回他人组成的世界了，满心疑虑，不知何所寄。

在真实与虚伪之间往复，在信与不信之间来回，这是恋人和信徒共有的特征。上一刻仍沉浸在出魂的狂喜之中，下一刻瞬即被冷漠刺醒。神曾这样教训自己的门徒："只要信！"不疑不惧。他们实在要明白，情人眼里不只出西施，而且存有真相。属于真理的领域及时间是另一向度的领域与时间，你无法以此世的尺度估量，所以也根本说不上外延与长久。它无处不在而且无始无终。

树犹如此

八月六日

风暴过后，六百七十二棵树倒下。

只值"三号强风信号"的"派比安"台风却显出了八级烈风的威力。那天夜里，我从玻璃窗上划出的尖叫声中知悉它的来临。第二天早上，我就到路上寻找尸体，看见了断裂的伞具、扯翻了的店招和满地滚动的垃圾桶。漫天飞雨，我又看到工作地点附近的海岸有浪喷涌，水帘直朝路人头上扑下，十分凶狠。再到了第三天，我终于在花圃石基的旁边发现一对麻雀的翅膀，且还连着模糊的绒毛和一小团灰色的泥状物，若断若续。

一开始就担心小动物们都不知能往哪儿躲,那些活蹦乱跳的麻雀与匆忙觅食的昆虫,平常总围着树转,以叶荫为屏障。可是今天,连树也都断成两截。

一棵树的长成,是多么不容易呀。释迦牟尼总爱以树取喻,从其种子的抽芽开始说起,再看根部的延展深入,再到枝干的苗长,树叶的繁茂,花开花落,结实果熟,恰好是生命的循环,更是无数因缘(如阳光、雨水和空气)凑合的成就。

近日家中多事,倦意频生,公私两忧,出门即是一片残破景象,倒真是应了景。对街一棵大树,早就是很多禽鸟栖息的老巢,本已显现朽败之象,如今刚好垮了。门下还有株新栽的树苗,正是绿得可爱、不知止境的时候,竟也被连根拔起。没来由的一阵暴风,毁了多少因缘结下的果子?树犹如此,人何以堪?但再细想一层,这岂不也是因缘?生灭不止,缘起性空。明日放晴,自有工人清理收拾,大家也就浑若无事,照常来来往往。什么都没有发生,也没什么想再说了。然后,我将独自点一根烟纪念那被遗忘的树,以及另一株树的片段骸骨。

解谜

八月七日

　　我们通常以为爱情是感性的，知识则是理性的。然而我要告诉你的，却是爱情乃一种至为复杂的知识活动。由于恋人相信自己完全看透了对方的本质，而且他是唯一掌握这个真实知识的人，所以有人曾戏弄地把黑格尔的"主奴辩证法"套用在情侣的关系之上。"主人主宰了奴隶的命运，但是奴隶却对他的主人了如指掌。"你控制了我的身心，不过我看穿了你的真实。

　　这种说法似乎言之成理，就以电话为例。等待情人的电话总是难熬，特别是当你空留口讯，对方却保持冷静、爱理不理的时候。所有人际往来，莫非一种应答关系，有呼召遂有响应，送礼就期待回礼,寄了一封信之后就等着回信的到来。电话这种沟通技术使得应答俱在一瞬之间完成,几有共时的幻觉,因此电话通信的悬搁就更加叫人困扰了,也更加凸显了主奴之间的优次地位。不回电话的必定就是主人。

奴隶的地位是很卑贱的,他觉得自己比不上对方,硬是嫌弃自己的种种缺点和过去,生怕它们伤及对方的衣角裙边。当一个恋人处于这类自甘为奴的状态,他的知识之旅就告展开了。在他的眼中,没有什么不是别具意义的,简单如一声叹息、一个手势、一段短笺里的标点符号,似乎都在指示着更遥远的东西。即使是沉默与空白,于他而言也是诠释的密林、知识的迷宫。就像欧洲古代的释经学家对待《圣经》的态度一样,每个字都是神言,引领学者往更深奥更幽微的角落前进,力图批注出至为真实的本义。

你的确洞悉主人的核心,但他同时也为你撒下了一张符号之网;你拥有知识,但这寻求知识的活动却永不止息。

空洞

八月八日

　　总是在失去之后，我们才开始明白；也只有在失去之后，我们才彻底失落了词语的意义。

　　一开始，你很怕听到"才华""美丽""可爱""天真"等词语，因为它们本都属于逝去的恋人。看见或者听到，难免令你因回忆而心痛。如果有人说："你看他的眼睛多么大"或者"他真是一个很有才华的人"，说不定你会很孩子气地愤怒起来，觉得这些字词如此神圣，怎能轻易套用在其他人身上？

　　但是再过一阵子，你就开始迷惘了，觉得不再理解那一列词汇的意义。若有人再告诉你："这人十分俊秀标致"，你不再生气，只能茫然地思考："这样子就是俊秀吗？什么叫做俊秀呢？"由恋人界定的字义随着恋人的消失而散落，甚至像传染病一样扩散，一块块地啃食掉整幅文字的版图。语言已不复表意的功能。

为了解决这个问题，我们可以从实境出发，重新拼凑语言的基石，填补碎落的片段。比如说去恋人曾经出没的地点徘徊，甚至到他停留过的另一座城市寻找。卡尔维诺在《看不见的城市》里曾经写过一座完全由指示和符号构成的都市，这样的城市正像恋人为你张开的网，每一个角落似乎都藏着下一个地点的线索。

但是当你到达这座城市时，它的主人早已不在，所以它和你曾熟知的但又失去的言词一样难解。在这座几乎所有城门都只余地名、一切城墙全都拆得片瓦不剩的城池里，你对着天上的空气想嗅出一丝主人的气息，经过一些陌生的街道猜测他曾经住过的寓所位置，甚至回到空港默想当年他进城时的辉煌。午夜钟响之后，你才发觉自己像只失去辨别方向能力的动物，徒然地流窜在不知名的荒原之上。此时，巨大的空洞使你张口，但喊不出声音，更没人听见。

真名

八月九日

　　奇幻小说的忠实读者，想必都知道"真名"是怎么回事。传说世界万物俱有真名，一种呈现其真实本质的名字。与一般表面的名字不同，由于它掌握了事物最核心的秘密，所以必须密藏起来，隐而不彰。只有别具慧心天赋异禀的人和经过修炼的魔法师才能找到这个名字，并且呼召它，从而操控事物运行的轨道。

　　这就是为什么法师可以呼风唤雨了，因为我们凡人只知风叫做"风"，雨叫做"雨"，但法师知道风和雨真正的名字，他知道它们的本质是什么。

其实这不是小说家们凭空捏造的幻想，而是一种源远流长的信念变形。几乎所有文化对于名字都有各色各样执迷的传说，其实那都是有关语言文字起源的构想。比如说仓颉造字，据说在他造成第一套文字的时刻，"天雨粟，鬼夜哭"。天何以雨粟？鬼又何以夜哭？因为自此以后，它们无所遁形，它们的真实被人的文字套牢了。

恋人也相信真名的魔力，他们总不满足于对方表面的名字，那些人尽皆知、身份证上工整打印的通名；他们喜欢别造昵称，觉得这才是对方的核心。我们曾经说过，恋人活在别样的真理领域，以为自己看穿了对方，甚至狂妄地相信这个他人闻所未闻的名字可以捆绑两人的关系，束缚原本不可制约的魔魅。可是爱情乃世间唯一变幻不定本质永远空洞的事物，所以它怎可能有真名任人捕捉呢？你曾为情人的纯真所动，直觉滋生不知何处而来的真名，但是终于失落。此时，真名反而成为泛滥至极的无谓言语。

情人之名

八月十日

通俗爱情小说其实是一连串主题的叙述组合,其中一种次要的主题叫做"情人之名"。我们都曾在这些小说与流行情歌里面看过为爱情所苦的恋人,怎样不忌烦琐不嫌俗套地形容对象的名字。例如"他的名字有如星星一般璀璨","他的名字是世界上最悦耳的声音","他的名字是最最圣洁的",乃至于日常生活里最常见的"芳名"这个最基本的说法。

情人之名对于恋人来说,是"真名"的变形。他固执地相信这个名字拥有无穷的力量,明明知道它多半是情人父母所取的名字,却仍然认为它恰到好处地揭示了情人的本质;又或者反过来觉得这个名字不知如何地形塑了情人的性格，提前地预示了他未来的路途。在这个意义上，每一个恋人都是迷信的，他们是命名学的信徒。

热恋之中，他反复吟诵这个名字，觉得它是灵感与生命的来源。但当恋情未及苍老便告消逝，他就发现真名的力量变化转向，成为一句诅咒。他不能忍受叫出这个名字时所发出的声音，仿佛每个音节都会直接击中自己的心脏；也不能再次看见哪怕只是近似的字形，它们会使人晕眩得近乎失明。

然后，这个名字又将引领恋人走向另一条不归之路：他开始相信遥感甚至神通。他以为一遍遍地呼叫，远方的情人会有所感触，甚至响应。就像你去了异国的城市，在旅馆单人床上哭泣，却想象泪痕将于翌日在情人的枕头上显现一样。这当然是不可能的。这时你会明白，真名的法力已遗你而去。

修辞

八月十一日

　　罗马大诗人奥维德著有《爱经》一册,他声称凡是想知道爱情秘密的,凡是想知道如何求得爱情的,都应该来读他这本书。最后,这本《爱经》成了他的罪证之一,证明他荼毒人心,伤风败俗,因为他居然教授男子如何成功取得有夫之妇这等有违风化的技巧。以今天的眼光来看,《爱经》可说是"沟女实战手册",一部讨论求爱修辞学的诗篇,用文字去钻研文字最深不可测的核心。

　　那正是古典修辞学发展的鼎盛阶段,各家名师除了传授演讲申辩的策略以赢得公民和法庭的信任之外,也指导青年怎样使用经过精心计算的文字和语言去打动意中人,甚至进而在厌弃他们的时候成功脱身。

然而,"修辞立其诚",完美的文字技巧真能奏效吗?在经典的法国情色小说《危险关系》里,诱惑者狄佛蒙子爵就是一个单凭情书即可赢尽无数女人心的高手。但他还是难免被人揭穿,指责他的信写得太过工整完美,反而失却了热情,造成缺陷。

当恋人陷入深深的怀疑,再精妙合理的文字在他眼中也会变得破绽重重。可是反过来想,难道一些因为太过激情而显得笨拙的表达,就不可能是诡计铺排的伪装吗?正所谓"大巧若拙,大智若愚"。疑惧一旦浮现,任何文字都即刻悬搁失效。

擅于文字的,终将死在文字的手上。因为对方将从文字里发现,无论对待任何事物,这个作者都是冷静量度,且能掌握进退的分寸。于是感到危机的存在,如动物般本能地逃逸。

点歌

八月十二日

　　扭开收音机,才知道如今仍然有人通过电台点歌,一种多么古老的行为呀。在我成长的年代,很多同学听收音机的目的就是为了看看有没有人点歌给自己。同时也急着拨打电话,希望能被接通,把自己想说的话和想让对方听到的歌传送出去,让那个夜里在桌前点灯做着功课或者正在读书的人听见。这叫做凭歌寄意。

　　以歌传情,是许多恋人都乐此不疲的动作。但是送一张唱片,传一首歌,与在电台点歌的性质是截然不同的。前者是私密的,只存在于两人之间;后者却是公开的,所有听众都能分享。或者我们应该更准确地说,电台点歌好像是私人的,其实却又是公开的,在私密与公开之间模糊而隐晦。

有时这是一种炫耀。就像有些小白领花去半个月的工资，在铜锣湾人流最密集的地方，登一天的液晶体大屏幕广告示爱；又如某知名富商，在畅销的报纸上买下整版的篇幅送给女明星来证明自己。他们相信如此敞露，最能感动对方。而且这也就等于宣告：我将，或者我已独占了这个情人。爱情是盔甲上的纹饰，车头的标志，夸张地陈列人前。

可是还有一种情形，点歌的人不取真实姓名，也不张扬对方的名字，他只是用了一组只有彼此才能明白的昵称，甚至可能埋藏更深，干脆为自己改了一个根本无人识得的别号。此时恋人是冒险的，因为这首歌极有可能无法达成任何效果，犹如一封没有收件人地址的信，寄了，可是寄不到，混杂在满天乱飞的旋律之中，转瞬即逝。更何况我们的情人或许喜欢宁静，他永远不听收音机。如此点歌已经不是情意的传达，而是自恋的体现。

模式与个人

八月十三日

最大的问题或许是,歌曲何以能够寄意?为什么一首不是他自己创作甚至不是他自己演唱的歌,却能够传达点歌人的心意呢?

尤其以传统的观点而言,流行音乐还算不上艺术,至少不是那种大家想象中很个人化的艺术。流行音乐乃一种创作人、歌手、监制、唱片公司和市场营销等单位一环扣一环地形成的工艺制作。它呈现的并非独一无二的个人体验,而是不同种类的、无名的模式组合。既然如此,一个请电台点歌的听众或者传送歌曲音频档案予人的恋者,又怎能把自己的特殊感情套入模式之中呢?

这个难题基本上属于所有艺术。所谓"感人",指的可能就是作品足够抽象足够普遍,使得每个人都能轻易代入;同时它还得有个人化或拟个人化的腔调,令听者代入之余还觉得它是独一无二的;不只恰到好处地传达了自己的感情,且似根本为己而设为己而造。

因此最好的流行情歌无不具有强烈的个人风格,尽管它动用了机械化的节拍、旋律与和声模式,尽管它的歌词可能离不开一系列仿佛来自"填词常用语手册"一类的语汇,但它说了一个独一无二的故事。例如Elvis Costello,数十年来被认为是最擅长情歌的好手之一,其长项就在于模拟各种虚构然而实在的处境,让听者各取所需,同时又赋予它们非常鲜明的人格特质。

当恋人陶醉在这样的乐曲之中,他其实是在进行一种复杂的诠释过程,不断在乐曲与个人经验之间来回修剪,好使其完全合模,化身成最私己的信息。

从圣诗到情歌

八月十四日

情歌无疑是流行音乐的大宗,早在上个世纪的40年代,就有学者把当时的美国流行歌曲分成三大类:恋爱中的情歌、受到挫折的情歌以及表达性欲的情歌。可是在那个年头就做出这样的结论,到底是令人吃惊的。因为当年的流行音乐和今天颇有不同,除了情情爱爱,还有许多游子缅怀故乡的温情,士兵想念故国的母亲,城市人感慨传统生活方式的散失。情歌并非唯一一种吟唱失落情绪的歌曲。

研究流行音乐的专家Simon Frith曾把流行音乐定义为一种感伤音乐,原因就是不管个别歌曲的主题是什么,它们几乎都是失落的。亲人的离世，老家的消失，光阴的流逝，当然还有爱情的终止，皆是人所共有的经历与情怀。最重要的是我们都不介意把它唱出来。

划分流行音乐与其他艺术音乐（例如古典与爵士）的最简单判准，就是可唱不可唱，易唱不易唱。可唱易唱的音乐最容易唤起共鸣，你开车的时候，洗澡的时候都能随口哼出那些轻易进耳随便上口的调子。至于卡拉OK，那就更不用说了。Simon Frith认为这其实也是近代宗教歌曲的特性，在教堂与会所里面既然要求信众齐心诵唱，那些圣诗的难度自然不能太高。

更重要的是这些宗教歌曲的主旋律也是感伤的，歌者祈求上帝抚平自己的苦难与悲伤，或者在困苦之中盼望至福的来临。这些福音歌曲可以轻易地转化成现代流行音乐——就像Ray Charles那样把灵歌变成狂野的情歌，因而遭到物议——只要我们用爱神的方法去爱上一个男人或者女人。这种转移是成功流行曲的必要元素，例如Eric Clapton的 *Tears in Heaven* 本来是他写给亡子的悼歌，不知怎的却成了酒廊里的情歌，动情的听众都以为那是送给心中爱人的曲子，还要假装对方不在人世。

情歌的幻觉

八月十五日

    流行音乐是一种集体的情感形式。再讨厌它的高雅听众在热恋或者失意的时候，也会不自觉地沉浸其中。因为它们无处不在，你不用刻意去听，它自然会在商场、餐厅和车子里渗透飘荡，变成了你的声音环境。

    曾几何时，流行音乐真是种公众的音乐。大伙们要在酒馆和咖啡厅里聆听，分享属于集体的情怀，比如说战火之中家园的破败，远方田园里独守农庄的年迈双亲。听这些歌曲的时候，我们参与了集体身份的塑造，因为我们有一样的失落。这也就是为什么一些和游子思乡有关的歌在内地会大行其道的原因了，毕竟中国是世界上流动工人最多的国家。

情歌之所以成为流行音乐的主流,首先是技术的作用。各色复制、储存和播放音乐的设备使得表演者和听众不用并存于同一时空,更使得听众能够分解成一个个原子式的个人。我们再也用不着和其他人挤在一起,只要去唱片行买一张唱片,甚至在计算机上直接下载,然后自己静静细听。

这种技术革命正好发生在社会转型的关键时刻:大家族的崩解,小区邻里的分裂,令人的情感转向收缩,只投射在另一个人身上。爱情成为通俗文化里最受重视、最被颂扬的情感,不是毫无原因的。

人在孤独之中,特别是夜里,听着歌手以现代录音设备所赐的低吟技巧泣诉(从前唱歌的人使用横膈膜,而非喉咙),你会以为他是你认识的人,正伴和着你的寂寞和思念。重点并不在于世界上是否只剩你俩,也不在他唱的是不是他自己的真情实感,而在于他和你参与了这个情感形式的游戏,丰富且填满了它。爱情是一种幻觉,情感形式亦然,但它们的效应却是真的。

不如我们从头来过

八月十六日

　　王家卫《春光乍泄》面世十周年，他们真懂抢钱，推出一个超大型纪念光盘套装，于是我也上当，重看了一遍。十年前的电影，现在再看，还是令人欷歔。

　　片子里最叫人记得的对白，当是张国荣饰演的何宝荣老爱对梁朝伟扮演的黎耀辉说："不如我们从头来过。"不管黎耀辉如何发着高烧还要起床做饭，何宝荣还是可以一而再、再而三地伤害他；也不管何宝荣如何在外面鬼混，回来之后依然有黎耀辉守着他甚至关住他。如此反复折磨到了无可挽回的地步之后，只要放浪的何宝荣一把拥住黎耀辉，对他说句"不如我们从头来过"，悲剧就真的从头再演了。

"不如我们从头来过",这不知是多少夫妻、情人乃至于朋友都很想说也说过的话。然而,要把一切过去抹掉,从头再来,又谈何容易呢?所以事后回头,这句话说了往往也就等于白说。

若要真的从头再来,方法只有一种,那就是把自己彻底变成另一个人。不是变化你的生活习惯,比方说戒烟或者戒酒;也不是改变容貌声线;而是将你曾经交给对方的那一部分,把你曾经送到对方手中的那一半生命割除。这样子,你就残缺不全了。日后会不会痊愈长肉?不知道。将来是否反而更加完整健康?或许会。但至少你成了新人。

只是如此一来,你们的关系也就不再一样了,变得像是两个陌生人的全新遭遇。所以"我们从头来过"是可能的,只要这里的"我们"已经不是"我们"。

新我

八月十七日

    人可能在一夜之间如蝴蝶飞蛾,完全变态羽化再生吗?我们可以手起刀落,痛快地斩除那曾经付出的血脉,好再和旧人从头来过吗?只要回到基本,就知道这个问题的起点本身就是不可能的。

    当一对伴侣彼此许诺:"让我们从头来过",而又不欲重蹈覆辙,他们只能变化自己如新人诞生,使得"我们"成为陌生的"他们"。但是,既然他们已经成为不可测的他者,又何必从头再来呢?也就是说"让我们从头来过"这句话取消了自己的前提。一、不可能再有已成过去的"我们";二、也因此不可能再有重来的需要。所以这是一句刚刚出口就立刻成空的话。

故此，我们也就用不着探讨人能不能迅速改造自己这个课题了。只不过，往事附着于所有物质之上，历历在目。手机上的短信可删，他留下来的字纸可弃；你不再抽他抽过的烟，不再用他嘴唇接触过的酒杯；但是他睡过的床怎么办？摸过的书又何堪再翻？他抚摸过你的身体，呼唤过你的名字……这所有，又该如何割舍？天涯共此时，你们甚至还处在同一个时空向度之内，呼吸同一片空气？

所以不管还要不要从头再来，你也只能消灭旧我，创造新我。"要永远地创造自我"，福柯（Michael Foucault）如是说。这已不只是恋人的命运，而且是现代人的归宿；如果这算是归宿的话。

水底之城

八月十八日

每次走大埔道出入新界与九龙,经过城门水塘的时候,我都会想起那条埋在水底的陈家老村。当年的香港,人口暴增,食水不足,政府为了修建水塘储水,把原居此地的全村人迁至他处。至于房子,就留在旧址,任雨水渐渐淹没。据说到了旱季,水位特别低的时候,游人还能见到朽败村舍的人字房顶露出水面,甚是奇诡。

在许多文化传统里面,水都与遗忘有关,也因此代表了洁净与新生。喝过一碗孟婆汤,你就告别前生的记忆了;涉过忘川,就是一片彼岸新天地。领受水的浸洗,基督徒乃获得赦免,迎取新生(宽恕与遗忘在英文上的同源关系实非偶然)。

除了洗刷过去，水还有另一重奥妙的作用，那就是掩埋。我们可以像淹没陈家老村一样，放水淹没所有不愿记起也不能记起的往事。既然长江之水可以把一座古城藏在鄱阳湖底，大西洋的巨浪可以覆盖整个亚特兰提斯，人为什么不能借水重生？水不一定能够洗去所有的创伤记忆，但是水一定可以将它们封存，使它们随着时间的流逝腐朽粉碎。

与泥土不同，水是透明的。尽管藏在深海底部的城墙因不见天日而成了绝对黑暗拢聚的处所，但只要去找，不怕大海捞针，你是找得到的。

当你想和一个人从头来过，想要制造新的自我，却又不可能割断那不忍让它保存的记忆，就把它沉入水中吧。就像城门水塘底下的村子，它没有自己浮出来的能力，只能隐约地在想象和水波的光线中乍现，不知虚实。若无人寻它，就要等上几百年、几千年，海枯石烂，重见天日之际已是无解的谜语。

同一条河

八月十九日

古希腊智者赫拉克利特的名言人尽皆知:"人不能两次踏进同一条河。"老友小西近著《猫河》里的诗句却说:"踏进河里的绝对不会是同一只脚。"万物皆流,人又怎能例外。

这一刻的自己和上一刻的自己必然是不同的,现在正在写着这行字的自己要比一分钟前的自己,多写了二十一个字。所以在这一刹那间,我变了。在刚才那一个句子写成的前后,有两个人的存在。

为了保证我们穿越时间之后仍然还是同一个人,为了让我必须实现昨天做出的承诺,偿还过去负下的罪债,而不能轻易地以"当日的我和现在的我不是同一个人"推搪回避；哲学家专注探讨记忆的作用。正是记忆，不是别的，把昨天的我和今天的我联系起来，使我历经时间的变幻还能统一，而不分裂。

但是有时候我们真的希望自己可以摆脱记忆的束缚，分身成散落在不同时段的异己。

每一段感情的发生与结束，其实都是场记忆的战争。受过伤害的，必将在新一轮关系的最初就迟疑畏惧，甚或仓皇退缩，因为他记得那么清楚。他害怕的，不是眼前的人，而是过去的人。他不只是在和新认识的朋友交往，他同时还在和自己的记忆协商、谈判与作战。对方可不知道，这样的关系何等艰难，因为与他角力的是一些过去的陌生人。

至于将要结束的关系，就更不用说了。我们都盼望眼前的河流就是忘川，它永远都不会是同一条河；而踏进去的人在出来的那刻，也就不再是同一个人了。

对不起什么
八月二十日

宽恕，首先要有一座剧场、一个舞台，以及两个角色：一个是犯了错的罪人，另一个是受害者。不可能也不应该有第三者的存在，因为没有人可以代替罪人请求谅解，也没有人可以代表受害者施予宽容。

舞台上的第一句台词是"对不起，我错了，请原谅我"。这句话有意思的地方是它本身就是一种冒犯，说出这话的人正打算占用对方的宝贵时间，打算发表演说以坦承自己的罪行和犯错的原因。何其斗胆？他竟以为对方受害之后还得暂缓怒气，腾出时间来聆听自己？一个犯了错的人有什么权利要求这样的空白呢？所以这句话"对不起"一开始就是个错误。

因此，在一切请求宽恕的剧情上演之前，祈求宽宥的罪人先以再度的错误来说明自己的身份："你看，我又错了，我果然就是那个犯罪的人。"而他那句开启宽恕逻辑的"对不起"，就有了双重的意义：表面上是要为自己曾经做过的事向对方致歉，底下却同时在为这句话本身道歉。它一方面自大地侵犯了对方的时间，要求对方给予耐性；另一方面则立刻为了这个侵犯认错。

宽恕舞台上的第一句台词"对不起"的真正意思，就是"对不起，请原谅我占用了你这一刻的时间，也请原谅我这么无赖地烦着你，要你听我接下来的话"。

如果受害者愿意停留并且倾听，道歉和宽恕的条件才得以具备。但要是对方不顾而去，没有任何响应也不愿响应什么，宽恕的剧场就要草草落幕了。剩下的罪人没有灯光照射，站在黑暗之中，带着一条新增的罪名。

不可饶恕

八月二十一日

法国大哲学家德里达（Jacques Derrida）在他人生的最后两年，不断沉思着"宽恕是否可能"这个问题。他敏锐地观察到在亚伯拉罕传统（也就是犹太教、基督教和伊斯兰教的共同思想源流）里面，有两组相互矛盾的观念：其一是有条件的宽恕，其二是无条件的宽恕。

宽恕是有条件的，那就是犯错的人首先得愿意坦承过失，并且忏悔，进而请求宽恕。受害者不可能事先原谅未曾承认的错误。

看起来宽恕是一种遗忘，当我说"我原谅"（I forgive）你时，我也应该同时忘却（forget）了你的过去。然而"过去"真的过得去吗？有时候我们会说某种罪恶，例如反人类的罪，大规模屠杀的罪，种族灭绝的罪，是不可忘却、不可挽回、不可救赎的。换句话说，这些罪行虽已过去，但又是过不去的；虽已成往事，但不能忘却；它们是种永远被封存在现在的过去。它们无法过去，其中一个原因是受害者都已逝去，没办法接受罪人的忏悔。而且就算有在世的幸存者，又怎能代表死者接受忏悔？又怎能代表死者原谅凶手？这样的重罪或许有被遗忘（forgot）的一天，却永远不会得到宽恕。

宽恕在此，是一种和时间的特殊关系，是一种决定让不让某件错误或罪行成为过去的行动。假如宽恕是有条件的，假如宽恕要求犯罪的人首先请求宽恕，那么该如何解决因逝者不在而注定不能得到原谅与和解的重罪呢？因此，在亚伯拉罕的思想传统里需要有上帝的存在。人只能宽恕别人对自己做错的事，神则不然。神是受害者与罪人之外独一无二独有权柄的第三者，他可以宽恕所有的罪，接受所有的悔过。

不可能的宽恕
八月二十二日

耶稣垂死之际，底下的群众犹兀自喧哗，等他咽气。然而神子却仰首说："父啊！原谅他们吧，他们不知道自己在做什么。"

每次读到《圣经》这一段，都莫名感动，不能言语。钉死人子，钉死为免除人类苦难而来者，钉死许诺天国的弥赛亚，这是何等的重罪？受害的耶稣即使到了这时候，依然不舍他所爱的人，那些欲置他于死地的凶手。这就是宽恕，真正的宽恕，不可能的宽恕。一般来说，犯错的人不先行忏悔，是没有宽恕可言的；但如果受害者在罪人认错以前就宽恕了他呢？

在西方的思想传统里面，宽恕往往被认为是不正义的，错误要有等价的惩罚才能弥补；在正义的天秤之上，宽恕的地位不知如何安放。像康德这样的大哲学家想了半天，只能勉为其难地为宽恕想出一个先决条件，那就是犯下错误的人必得悔悟，主动要求宽恕。

但是德里达敏锐地观察到宽恕又是无条件的，是一种只有掌握最高权柄者才可施行的特权。从古代的国王到现在的民选元首，都有特赦犯人的权力。赦免之所以是特别的，就在于它违背了法律背后那以眼还眼、以牙还牙的古老法则，在法律之外开启了不可能的空间。

如果有人只是撞了我一下，我当然可以原谅他，他也会预期得到我的谅解。但这种能够预料能够计算的宽恕就不是纯粹的宽恕了。最纯粹的宽恕是宽恕不该宽恕的人，原谅无法挽回的过失，违反一切正义常识的例外。我们可以质疑耶稣，为什么要原谅杀你的凶手？为什么要原谅不觉得自己犯了错的人？这岂不是破坏了人间的道德与律法？耶稣没有回答，他只是宽恕。

无名之伤
八月二十三日

　　由于人总是会伤害人的,所以没有人可以不受伤害。

　　所谓"受伤",我们总是听到"我很受伤"、"我的心很痛"这类自述,指的当然不是肉身的伤痛。那么"受伤"到底是什么意思呢?假如不是身体的伤痛,我们可能为这些自述所指涉的伤分类吗?可以判别其分布、症状与程度吗?又如何来命名这些边际模糊的伤口呢?

　　比如说有这么一种状态:你会在日常的对话之中突然哑口,不知下一句应该怎样承接;你会在回家的途中突然迷失,无法辨认本该熟悉的景物坐标；你还会在现实的生活里面毫无预兆地临时陷进空白的世界。

在这种中断了正常意识的空白里面，你既没有想起那曾经美好的遭遇，也没有想起它们失落的过程；你既不思忆那使你受伤的人，也不怨恨他的残酷作为。在这一小段抽离出来的绝对空白里面，你什么都不想，它也没有任何意蕴。所以比起一幅山水里的留白、音乐之中的休止、诗句之中的间断，它要纯粹得多虚无得多。

就像现象学所说的"意识之悬搁"，人生在世的一切正常活动、正常思维、正常感知，在这一刻全都被悬搁起来了，所以没有时间也没有空间，你坠入了一个不知名的向度之中，不知方位不知长短。醒觉过来，回复正常之后只好说那是一刹那的空白，但那真的只是一刹那吗？

凡伤口皆有名号，因为它能指认出造成它的原因，例如刀伤、枪伤和烧伤。莎士比亚在《凯撒大帝》里说被数十名亲信轮番砍刺、满身是血的凯撒"每一个伤口都在嘶吼，都在控诉"。但是我们所说的这种空白不只没有名字，也不发出任何声音，它是沉默的伤口。

可怖之美

八月二十四日

我想说一点关于"美"的事情。

那天在北京,一场令人疲惫的选美比赛之后,仍有记者不舍地追问"美女"的定义。因为我在一家以盛产美女主持人和美女主播闻名的电视台工作,难免就令人羡慕,或者同情("你对美女很麻木了")。这个记者,果然,也不例外,他说:"你一定觉得那些参加选美的女孩不如自己的同事吧?"他还追问:"你心目中美丽的定义是什么?"

我已不记得自己怎样胡编了一些答案敷衍他,但是回到酒店以后,我忽然想起里尔克《杜伊诺哀歌》的第一小段:"有谁,若是我呼唤,会从天使的班列中／听到我?而且即便是,有一位／突然把我抓到胸口;我也会自他更强大的存在中／消逝。因为美无非是／那可怖者的初始,那个我们依然刚能承受的／而我们如此惊羡它,因为它不动声色地不屑于／毁灭我们。每一位天使都是可怖的。"

可怖的美,可能就像康德所说的"崇高"("壮美"),人创造不来,也难以承受。因为它发生在人的感知能力的极限,差一点就不属于这个世界,也差一点就要进入这个世界。

可曾见过冰川入海?那些以万吨计的冰墙即将崩裂之前会发出不安的嘶叫,冰块摩擦的声音尖锐刺耳。又或者沙漠和荒原里的暴风,不只会使一种绕成球状的蔓藤植物滚动不停,还将改变起伏的地形,令商旅在迷目的飞沙落地之后彻底绝望。

如果有机会再去回答那位记者的相同问题,我将告诉他:"极端的美是摧毁性的,人工不可制作,也不能负担。万一它偶尔在某一刻出现在人的身上,那是不祥的。"

选美

i

杂稿拾遗

我从来不曾想过,自己竟然会跑去北京做一场选美比赛的评判。

十几年前,中学刚刚毕业,我和几个好朋友带了一大叠批判选美的自制传单跑到一个选美现场,预备一边散发一边抗议。结果当然给人赶了出来,只好在门外傻傻地把传单塞给路人。至于那些会场里衣冠楚楚的绅士淑女,当然甩也不甩我们,照样美美地谈笑风生。

为什么要抗议?当然是因为选美侮辱女性。我们所有读过点女性主义的人都知道"女人并非生为女人,而是被造成女人的"(西蒙·波伏娃语)。而这制作女人的主要力量,就是男人的目光了。选美正是依男性目光打造样板女人的经典示范,一个个女孩想尽办法历尽训练,好把自己装进男人设计的一套套格子里,再拼个你死我活,好产生一位所谓"智慧与美丽并重"的佳人。

十几年后,我了解即使是一些被认为很激进的女性主义者,也不再坚持单调的反选美立场,反而懂得以更多元的角度切入,把选美当作有待剖析的现象多于一个只能否定的对象。但是我仍然本能地说不出地厌恶,躲避选美,躲避不了的时候,就视而不见。

所以,当我今天因为公司工作的关系必须要去做选美会的评审,我就是带着这样的心情:视而不见,我不存在。

那天早上十点十五分,在酒店里,我接到一个叫做"小马"的女孩的电话,说原订十一点的集合时间必须提早半小时。我很不满,觉得一个不愉快的选美日子居然还是要以这样的方式开始。到了大堂,小马不住地道歉,还跑去替我取咖啡。我对同事们嘀咕:"最讨厌选美了,你们不觉得每一个选美会上的女孩子长得都差不多吗?"同事们猛使眼色,小声地提了一句:"小马就是去年的第三名。"我立刻呆住了,小马肯定是听到了,但还是笑容满面,十分诚恳。这时我才发现她挺漂亮,原来我们的助理是上届"××小姐"的季军。

真是漫长的一天,我们的工作竟然拖到凌晨两点才结束。小马一直出出入入,有时提醒我们上台,有时捧来一大袋饮品,同时还要指挥照料今年参赛的"师妹"。由于录像厂的空调出了问题,穿着外套装斯文的我们更是闷热,每到休息,她便拿了一份杂志当扇子站在一旁帮我扇凉。我阻止她,但她说这是工作,还笑自己曾是登山队员,体力好。然后,似乎不经意地,她轻声说了句:"其实选美在中国的情况底下,也是普通女孩子的难得机会。"

我看这批女孩的眼光于是有点不一样了。在经过编排的舞步底下,我看到每一个人原有的走路姿态;在很标准化的对话格式之中,我试着去听每一种声音的来历。我怎能对她们视而不见?人所承受的,人怎么可以装作看不到?

比赛,必然是残酷的。然而选美最残酷的地方,还不在结果,而在大家等着看好戏的心态。例如香港小姐,每年总有几个消息不断的人物到了最后大热倒灶。他们会说:"活该,这娘们机心太重,还总以为自己必胜。"他们还说:"她的一切只是搏出位。"这就是残酷,我们设计了一个竞争的环境,叫她们去比较,然后看看里面会不会闹出些勾心斗角的不和传闻,好证实人性的丑恶;我们还希望在这名利场的游戏中看看谁最想"出位",好证明人的不择手段;我们喜欢耻笑她们答问时犯错呆滞,好证明漂亮的女子果然都蠢。

收工之后,我们大伙一起消夜。落选的女孩坐在另外几张桌子上,自然有点沉郁。我想,这条路走不通之后,她们还会寻找其他什么出路呢?我还想起,小马的志愿是当个优秀的电视记者,她告诉过我,很愤恨当年做地方媒体记者时有条重要故事被人压了下去。

同事开车载我回酒店的路上,我们谈起小马去年参赛的情况。她忆述当时的评审问了一个问题:"现在让你当冠军,你愿意放弃现在的男朋友吗?"据说小马很动情地说了自己和男友如何从四川来到北京辛苦地赚钱生活的经历,她怎么可能放弃？同事大赞，说大家都觉得这真是个不错的小孩，于是给了她一个季军。

回到酒店，原本心情就很拙劣的我更加难过。是呀，只不过是个小孩，为什么要问她这样的问题呢？这个问题问的难道不正是我们所有选美比赛观众心中的预设？选美之后是无比璀璨的明星生活，你要独享这所有美好，还是回到原来小俩口的老日子？来，告诉我们，你就是那种我们早就料到的拜金少女，你就是那种梦想要攀上枝头做凤凰的物质女人！要不然你干吗来选美？结果她不是。于是大家却又反过来歌颂她的品格她的情深义重。

只是，我们为什么把一个人投进这样的处境呢？我们想证明人性的什么？

我想我永远也忘不了那一晚见过的女孩子，忘不了她们紧张的神态、哭泣时的样子。我也永远不会再做选美的评审了。不是因为一种社会主张，而是我不忍再次经历这一切。但是我会看选美比赛，我要好好看清楚那些小孩的脸，看清楚我们究竟做了些什么。

我虽千年能变化

　　我从来没见过她不化妆的样子。她为什么一定要化妆呢?连朋友都在笑话了:"你不过是见他,有化妆的必要吗?"是呀,只不过是见我;不是任何其他人,只是我。

　　因为工作的关系,我每天都要目睹许多女人化妆的惊人过程。我看着她们双眼浮肿,疲惫地走进化妆室,放下皮包,然后在镜子前面的椅子上,任由化妆室师使用一瓶又一瓶的化学制品与各式各样的器具,在她们的脸上施术。然后,一张大家熟悉的脸孔就此逐步成形。明亮处明亮,漆黑处漆黑,对比鲜明,我只能够说,如果不化妆,你一定很难在街上将她们一眼认穿。

　　认穿。我永远无法认穿这个女人,因为她脸上的妆不曾退下。

可是一个不化妆的女人又怎能让人辨识呢?

宇宙的英文是cosmos,当然来自希腊文的kosmos,本意秩序,与混沌相对。混沌没有秩序,黑暗、混乱而无形。直到有了秩序为之赋形,世界才开始出现、可见。宇宙不只是从混沌走到秩序的结果,它还是一个动词(kosmeo),它就是混沌转化的过程,它就是点亮了黑暗的那个动作。没有光,没有秩序,世界不成世界,万物尽与目盲无异。

女人性阴,本亦无明,乃物质的物质,混沌的混沌。没有形式的规约,她就流动不居,不可辨识更不可见;除非她化妆。这正是化妆品(cosmetic)的由来。不化妆,女人又怎能让人看见。

难道你以为你不化妆,我就认不出你?你想我认出的是哪一个你呢?

近日常听评弹。杨仁麟(1906—1983),八岁从养父杨筱亭习艺。这一派,专长假声,弹词里假声叫做"阴";杨筱亭却也不弃真声之"阳"。阴阳结合,故音域宽广,韵味悠长,又称"小阳调"。杨仁麟青出于蓝,尤擅《白蛇》,于是有"蛇王"美誉。

杨仁麟单档演出,手抱三弦,一人分饰多角。听他唱到《合钵》一段,先是白娘与许仙的两句对话,随即转入假声化成白蛇:"我看官人心太痴,万般拂顺与千依。"再来就是惊心动魄情深义重的这一句了:"我虽千年能变化,从无半点把夫欺。""我虽千年能变化"是用阴面假声唱的,短短一句里百转千回,千年形变尽在其中。到了"从无半点把夫欺"则是阳面真声起始,再以假声作结;初听之际坦坦荡荡更无半点虚掩,可是末尾"把夫欺"三字一柔情起来,却令人心动之余又不免疑惑了。莫非温柔妖娆的阴面总要叫人怀疑。女子的阴柔,你切莫真信?

白娘呀白娘!我怎么知道当初的断桥偶遇不是你的精心巧局?那若断若续的春雨,不是你的变化?水漫金山,固然是你铺演的一台大戏;难道你被镇在雷峰塔下就不是法海和你串通的苦肉计吗?

(怀疑是一种顽强的植物。当它被下在两人之间的土地上,即便只是一颗种子,迟早也会抽芽长大,终于扭曲一切,排挤开所有本来健康的花草,使之枯萎。)

用不着女性主义哲学家的分析考掘,我也知道说一个女人不化妆就看不见,是严重的性别歧视。可是我坚持自己没见过你,因为你一直化妆,一直变化。我不愿相信有一个"真实"的你,我更不能接近真实。

其实我是记得的,有那么一回(事后你还问我,为什么我要急着找你)。那晚你刚洗过澡,预备就寝,一脸素颜,一头长发随意扎起,一对赤足踏着双拖鞋。你轻松自在,甚至把一只脚坐在自己的大腿下面。那是间日式小馆,我们喝酒,有一句没一句地闲搭。我们如此接近,乃至于我闻得到你头发上的香气。没有化妆,但你仍有香气。

这个问题曾经困扰过我一段很长的时期。自小我就不懂,为什么女孩子的头发总是那么香,我们男生却总是一头油臭?后来我才发现,那股香味只不过是洗头水的气味,一瓶又一瓶的化学制品。熟练以后,我甚至说得出那是什么牌子的洗头水。

你知道他们制作洗头水的方法吗？为了让洗头水不刺眼，他们把一只兔子放在特造的架子上，张开它的眼皮，用夹子固定好。然后拿一根滴管对准它的红眼球，让被试验的洗头水一滴滴地掉下去。兔子挣扎，但是动不了；兔子惨叫，但是我们听不到（有谁听过兔子的叫声呢？），直到兔子的眼球完全溃烂为止。

那些能够令兔子的眼睛烂得最慢的，令它的痛苦延得最久的，也就可以用在人的身上了。于是你匆匆赶来，不用担心洗头水入眼。你头发上的香气由来，乃一种化学制品。

至于女子的头发何以特别能够蓄留洗头水的气味呢？我以为，是因为她们千年能变化。所谓颜色，无非画皮；一经拆解，尽皆眼睑闭合不全。

理论，古希腊人叫做theōria，原意就是观看。它看的就是kosmos，就是宇宙、秩序与装扮。我修习哲学，苦研理论，所以我从未见过她不化妆；就算有，那也只是她的妆更深了。我都看见了，不是吗？

一日

杂稿拾遗

我曾夜行。

那时刚上大学，住在宿舍里头，不用严格按照时间表做人，也不用理会家人的脸色，喜欢睡到多晚就是多晚。于是我几乎放弃了所有中午以前的课程，别人的午饭就是我的早饭。黄昏之后，我泡图书馆，直到闭馆，再去无谓地游荡、瞎聊。凌晨两点，同学们都去睡了，我才继续读书，就着灯。

（熬夜不是出于苦工，而是为了自由的滋味。）

数年前读台湾作家骆以军的散文集《我爱罗》，其中一篇说到一个女孩，夜夜笙歌，过着每天坐在酒吧等天亮的日子。某天，她又喝了个烂醉，蹲在巷口吐得一地都是。突然听到一阵密集但又散落的脚步声接近，抬头望去，才发现是一群老公公老太太,正背对阳光精神饱满地跑步做晨练。一时迷乱,她才知道原来又是清晨了。女孩想:"他们已经开始今天的生活了,而我还留在昨夜。"

大学毕业之后,我住在大埔,那是香港郊区的一个古老城镇,住了许多无所事事的年轻人,以及负担不起中心地带的勤奋劳工。我喜欢那时候只用两三个小时就能看遍夜游青年拖着脚步撞倒街头垃圾筒,与特早起床的公交司机匆匆赶路上班的情景。只需要这两三个小时,我就看到了一座城市一日的开端与终结。相对于那些还停留在昨夜,与业已迈入今晨的同城居民,我就像是一个时间以外的旁观者。

偶尔,我也会和一些公交司机在早开的大排档搭桌吃早饭。那是属于劳动阶层的真正"早饭",清晨五点桌上已经有饱含热量的蒸鸡与叉烧,足以提供他们整个上午的需要。然后,日出了,他们穿着整齐但老旧的制服上车发动引擎,我则在未熄的街灯之下踱回家,趁着太阳还没强烈到能把我旧日的身躯彻底气化之前,赶紧拉上床帘,躲进床铺。

下午醒来的时候特别高兴,因为我竟然还赶得及回到大家的今天。运气好的话,我能碰见刚刚从城里下班归来的疲惫人群,说不定还能在晚饭桌上重逢今早一齐饮过茶的公交司机。虽然中间睡了一觉,但我似乎没有漏掉什么。

相反,当夜更深,大部分人都已经回家就寝,我却还在街上散步,还在酒吧里读书看报。

大埔这个地方很有意思,曾是殖民政府管治新界的重锁,驻扎了不少英军。所以这地方虽然有几条老岭南风格的村落与集市，但又很不协调地开了数间英国风的酒吧，两家印度人掌厨的菜馆。每天晚上，里头总有几桌顶着啤酒肚的退休英兵，他们停在香港的日子太久，遂忘记苏格兰高地的酷寒，永远失落在南中国海变幻莫测的天空之下。还有一些曾经效忠女皇的华裔老警员，说了半辈子带口音的英语，眼看回归的日子越来越近，他们实在摸不清楚自己的身份。这些没有来处也没有去处的人全在这里，以当下换取过去与未来；灯光昏暗，铺上廉价木板的墙壁被烟熏得发黑，只有一杯杯的bitter和porter，以及危危欲坠的飞镖靶是他们的归宿。

尽管大家都认识，但我通常一个人坐在吧台，与老板有一句没一句地闲搭。这地方我把它当作书房，午夜过后进来，三点多打烊之后离开，中间那段时间正好可以看完半本小说。

就是如此，我混迹在白天的劳工与夜里的酒鬼之间。你们的一天结束了，我的还没有；等你们都醒了，我又看着你们开启另一天的生命；根本说不清这究竟是起得太早还是睡得太晚。所谓"一日"，久而久之，对我竟成了没有意义的概念。由于我们总是用日与夜的交替去界定时间的基本单位，因此对于我这个活在日夜边际的旁观者来讲，时间也是不存在的了。

我开始混淆周一与周六的区别，开始遗忘一个月与另一个月的不同。甚至到了今天，我也想不起这样的生活到底维持了多久。偶尔，我会怀念那段日子，它自由得一塌糊涂，在感情上更是既不负责也不受伤。因为一切感情皆有其时日；而我不拥有时间，复不为时间占有，自然也与感情无关。模糊日夜，模糊了建立在时间上的一切秩序；我曾夜行如鬼。

书展再见

我以为自己见多识广,这半辈子主持过、主讲过、参加过的论坛讲座不计其数,从早期的飞扬炫耀直到今天自甘旁观,已经没什么是没见过的了。除了疲倦,只有熟练,一切行礼如仪。

但是在这一届香港书展的第四天,星期六晚上的七点钟,我替台湾作家苏伟贞主持讲座,却震动几至不自控地流泪。彼岸的评论家说苏的新著《时光队伍》是她的"本命写作",一本耗尽了全身力气,穷尽了一位小说家想象力的悼亡书。她的丈夫张德模三年前因癌症去世,她在今年的7月出了这本书留住他的人格,并且为他调动和创造出一整支旅群,与他同行,背向在生者,往航最后的旅程。

书的第一句话是这样的:"张德模,这次出发没有你。"然后:"因为你的烟瘾,多年来,航程超过五小时的旅游地全不考虑,旅途受限,没问题,我们自己创造路线,西进大陆。2003年8月你因食道癌住进医院到去世,六个月,随着你的离开,原本以为关闭了的这条路线,却带我一遍遍地回到你的生命之旅,以你作原型,我为你写了一本小说,《时光队伍》。卡尔维诺写《看不见的城市》,所有被描述的城市都是威尼斯,他说:'我提到其他城市时,我已经一点一点地失去她。'我实写你,虚构看不见的流浪队伍,同样看着你渐次往更远更深处隐去,那样的重重失落,我已经完全不想抵抗。命都拿去了,也就无所谓失不失去。"

"命都拿去了,也就无所谓失不失去。"来听讲座的读者不多,但大都晓得这是怎么回事。于是我们继续听苏伟贞温柔镇定地说:"我们都不信死后的世界。曾经约定,谁要是先走,而果然有魂,就回来报个信,通知一下。方法是在对方的脚底搔痒。所以直到如今我还会把脚伸出被子,心想,张德模,不要背约呀。"全场屏息,听一位作家在最私己的现实与虚构之间,于死生二界往复徘徊。叹了一口气,我只能对她说:"'祭神如神在'。中国人的这个'如'字用得真巧。"

我曾问过苏伟贞,以后还写得出东西吗?她也不肯定,"或许这是我最后一部小说了"。

书展还有另一个朋友的新书推出,林夕的《林夕三百首》。大家都知林夕有隐患,大家也都好奇他怎么还能写下去。他不是香港流行音乐工业的一部分,他就是流行音乐工业本身,一座吞吐忧郁灵魂的工厂。且看为王菲写的《暗涌》:"就算天空再深,看不出裂痕;眉头,仍聚满密云。就算一屋暗灯,照不穿我身,仍可反映你心。让这口烟跳升,我身躯下沉,曾多么想多么想贴近,你的心和眼口和耳亦没缘分,我都捉不紧。害怕悲剧重演,我的命中命中,越美丽的东西我越不可碰。历史在重演,这么繁嚣城中,没理由,相恋可以没有暗涌。其实我再去爱惜你又有何用,难道这次我抱紧你未必落空?仍静候着你说我别错用神,什么我都有预感。然后睁不开两眼,看命运光临;然后天空又再涌起密云。"要什么样的工厂,才能生产出这样的歌词?

曾经有俊秀的人问我美丽与苍老的问题。我当时没有也不敢告诉他的,是美丽可怕,确实不可轻易触碰。也是今年香港书展面世的一本新书,《由于男人都不在了》(En l'absence des hommes),作者菲利普·贝松(Philippe Besson),最近才在电影《偷拍》里亮相的法国才子。讲的是第一次世界大战,男人们都上战场去了,十六岁的主角却在后方和大文豪马塞尔·普鲁斯特邂逅。

一开始是个上流社会的派对,两人彼此的勾引游戏。四十五岁的文豪被人簇拥,大家渴望听他说出一句充满智慧、值得回味再三的言语。但他的目光却一直没离开过这位少年,"黑头发,杏仁模样的绿眼睛,女孩子般姣好的肌肤"。在场的每个人都认识普鲁斯特,当然。但他竟向第一次见面的少年自我介绍:"我叫马塞尔。"少年高兴,喜他不报全名,显得没有架子,十分亲切。可是少年同时也明白:"当然,你是故意的。"在几句最平凡不过的寒暄里,《追忆逝水年华》的作者,那位最精细最敏感的艺术家与十六岁的美少年交手,试探,相互猜度对方的用心……

是什么使得一位不过十六岁的男孩吸引住了普鲁斯特,甚至与他平起平坐,不分轩轾?是他的美貌。一个美丽至极的人必定见过人间所有的谄媚与心计,了解一切可能的手段和交易。所以当他到了十六岁那一年,其实已经有四十五岁那么老了。而且在他眼前,众生莫不阴暗,他不知童真,也不信单纯,所以美丽是危险的。所以普鲁斯特喜欢的,不只是容貌,或许还有这种世故与危险。

然而,美丽的人又必将经历美丽的消退。自他年轻的时候,他就有预感,那些曾经围绕身边恍若飞虫的人群必将离去,转向另一头动物的新鲜尸体。何等残酷又何等苍凉,他怎能不老?

或曰,其人犹如焰火,必以瓶供,远观其盛放如花,至于熄灭,不可触碰,不得直视。如是我闻,却屡屡犯禁,破瓶取火。乃退肤削骨,肉成泥,血化烟,遍体焚尽。方知色不异空,空不异色,咄!无非一具臭皮囊。善哉。

然后我放下了麦克风,离开演讲厅,回到自己出版社的摊位,预备拿起另一管麦克风,像在市场一样嘶吼叫卖。突然,多年不见的旧人出现了,生涩寒暄。我认识了左边是她的丈夫,右边是她的孩子。她还要小孩打招呼:"快叫叔叔!"我们甚至交换名片。然后,人堆中有照相机的闪光,我听见有人在喊:"是梁文道。"我对她说:"对不起,今天人真多。"她也笑:"是啊,你一定很忙。"

挤进摊位,脱下外套,我握紧麦克风,与搭档开始又一场的表演,想要截住书展那五十万的人流。我是一家出版社的社长,我是沿街叫卖的作者,我是恬不知耻的卖艺文人。做了那么多年的节目,那么多年的街头演讲,我知道如何控制声线掌握节奏,怎样以眼神扫视站立的人群,说到哪一句话应该稍微停顿,好营造最大的效果。

我看见他们一家,笑着望我,然后在五十万人之中被推得渐行渐远,终于在下一条巷子的转角处消失。她在挥手吗?她的嘴形似乎在说些什么?我应该说再见,那一切过去与未来的,该来的与不该来的,"再见了"!但是,我说了一个笑话,哄堂大笑,大家真的过来买书,而且索取签名。拍档与我相视一笑,都算满意。

白鲸

八月二十五日

有些时候,我会想起船上的日子。大海很奇怪,远远看去蓝得清洁,可是船舱里厕所冲出来的水却总有点黄;当然,离岸愈近,这水就愈是黄浊。

左右无事,就自己看书。看什么好呢?说出来土气可笑,但它又必然是康拉德,古老无垠如大海本身的康拉德,以及梅尔维尔的《白鲸》,好想象自己是灾难的幸存者,在发生了那么多的事情之后独自归来:"既然其他人都死了,还有谁负责回来说故事呢?"

在我上两代的香港男人之中,似乎有种奇怪的小传统,只要失意，就不妨去"行船"。比如说失恋，于是一个人背起简便的包袱，跟着货轮到陌生的水域和以前只曾听说过的港口。一种多么浪漫又多么有气概的举动啊！平常的情歌与爱情小说总是夸夸其谈，说什么"我愿意为了你而放弃全世界"；行船的失恋男子则是放弃了全世界，好彻底放弃一个人。

这么一个男人满腔愁苦又毅然决然地上了船，开头总是得不到理想的效果；对着空洞的大海，顶住工作的疲乏，他发现自己变得更加不舍，更加孤独。再过一段时间，他才明白自己根本什么都没放弃。他要做的是那个把故事带回来的人，同时使自己也变成故事。比起爱人，他更爱自己。这也就是为什么绝大多数下了决心不再回来的人，最后还是上了岸。

可悲的是，白鲸已死，海之四隅也不再有风神呼气，天上的星辰与海水的味道都失去了暗示命运的作用，这早就不是一个还有故事可说的时代。于是他回来了，而且无话可说，更没有人发现他曾消失。

瓶中信

八月二十六日

　　船上的人看海，会生起一种莫名其妙的冲动，想丢一些东西下去，而且最好是能够漂浮不会下沉的瓶瓶罐罐。然后看着它载浮载沉，被全速前进的船抛离在后，终于消失在视野中。这是海洋的诱惑之一，它的无边广大对比起个人的渺小，更令人觉得孤独无依，丢个东西下去不是为了填满它（面对大海，人不可能有这种野心），而是想印证自己的存在，那么细微那么不重要。这是个不自觉的象征动作。

　　许多水手也试过把写上字的笺条塞进瓶子，投进海心，所谓的"瓶中信"。报纸的国际花絮版偶尔会报道一些瓶中信在数十年后竟然真的顺着洋流漂浮上岸,甚至还被预想中的收信人拾获的奇遇,读者看了就会觉得这真是幸运。虽然迟了,但那封信到底还是达到目标,十分感人十分难得。

他们不知道,这样的结局其实背叛了瓶中信的本质。什么是瓶中信的本质呢?那就像开一个没有链接也不打算让人发现的博客,写一些从不寄出的情书,以及传发电邮到一个荒废已久的邮址。你根本不曾寄望瓶子有被开启的一天,那是一段不想被人接受的信息。掷瓶入海,而终于被人打开阅读,这根本不是奇迹,而是意外。写瓶中信的人不是敢于下注的赌徒,而是认命的作者,最纯粹的作者。

就像布朗肖(Maurice Blanchot)所说的,作品的孤独是最根本的孤独,因为写作"无非是种中断,中断了把我和言语结合在一起的联系"。我们平常以言语表达自己,并且相信言语能够把自己交给他人。但是真正的作品是不表达什么也不沟通什么的。正如瓶中信,在完成的那一瞬间就中断了和作者的关系,也中断了和读者的关系;存在,同时又消失在无始无终的海洋之中。

反刍

八月二十七日

偌大的一艘邮轮,船员其实不多。在大部分的时间里面,水手都是沉默的。如果你为了放弃自己而上船,很快就会知道这是多么愚蠢的决定。

草食动物的反刍是不由自主的,恋人的言语亦然。既然没有人跟你说话,既然大部分的时候你都是一个人工作,一个人守候,你难免开始反刍自己的回忆。

你想起的未必都是很有意义的事,反而是一些微不足道的客气应酬,例如他曾在某个早上和你打过招呼,于是你自己对着待洗的甲板说:"你早。"又或者你会想象各种各样的问题,假如你换了另一方式回答,后来的事情会不会有不一样的发展。比方说:"你今天晚上去和朋友唱歌的时候,有没有想起我?"你当时应该回答:"没有,为什么你会这么问?"结果,你并没有这么说,所以你现在一个人在船上。

久而久之,你分裂为二,开始习惯自己和自己说话。更准确地说,你变成了数不清的角色在数不清的处境之中,演出所有未曾发生的故事。而它们全部来自悔不当初的抉择,你只好不断地重新虚构那无数的潜在可能。水面宽阔,一望无尽,你却无穷内缩、进入自己的世界,反复咀嚼曾经发生过的对话与通信。

自己笑,自己悲,自己沉吟。偶尔有人呼喊你,偶尔有其他水手路过,见你喃喃自语,他却不会轻易把你当作傻子,因为他也可能明白。故此他笑得很大声:"喂!你干什么自己和自己说话!你是不是傻了。"他知道他必须这么做,为了你好。因为他明白。

谎言

八月二十八日

　　船上的友谊就像不打烊的酒吧，不同的人为了不同的理由来到海上，不同的人有不同的背景不同的过去。你知道这一年的航程终有结束的日子，总有回家休息的时候。然后有的人回来，有的人不。就像酒吧，天天都在的常客，你并不能预期明天一定还会见到他。所以我们不交换电话，就算说好回去之后如何如何，那也是交际上必要的客套。除非你欠下了赌债。

　　离岸之前，你以为等着你的是彻底的孤独，没有人认识你，你也不认识任何人。所以你以为自己远未结束的思念与负担将继续折磨你，或者你将决绝地抛下这一切，结果不是。

就像酒吧，我说过的，你会对着一时熟悉，但本就陌生也终将陌生的人把所有和盘托出。你的父母、你的子女、你的恋人，他们都很理解地听。反过来，你也听了许多故事，生活逼人、工作失败、无路可走。只是这些都与你无关，正如你的倾诉也与倾听者无关一样。这种状态真好，有如易洁锅，再多的污油再多的残渣，只要轻轻刷洗，又变成明可鉴人的平滑表面。

我怀疑这是所有人间关系的理想状态，没有任何负担，彼此反而因此坦白诚实（至少是你愿意呈现出来的坦白诚实）。

要在陆地上找这样的朋友可真不容易。你的同学看过你的成长，你的同事知道你的其他同事，对着他们，你能说些什么？你只能被固定在地上的某一点，所以你只好有所隐瞒有所保留。难怪大海是自由的，你甚至怀疑那些人哭着说出来的东西也全都是伪造的故事，但它们却因此更加真实，因为那是一个人最想它成真的欲望。海洋令每一个人成为真正的自己。

重逢

八月二十九日

通俗的爱情小说与爱情电影总是不厌其烦地描述重逢和偶遇的故事,那是因为这样的故事只能发生在小说和电影里面,所以作者们当然要好好发挥虚构叙事所赋予的特权。

我曾听过一个老人的故事,他说他行船的原因很土,就是为了躲避重逢的机会,他以为只要上了船,日后就不再有令自己尴尬、伤心和崩溃的可能了。可是货轮才刚刚离岸(用康拉德的说法,只有当船完全看不到陆地之后,才算真正的"离岸"),他就开始沉痛思念陆地和地上的人,虽然明知不该后悔,但他还是后悔自己的鲁莽。他想:"我再也见不到那个人了。"

然后，日复一日的，令人倦怠的烦琐工作排遣了他的忧郁。直到货轮快要到达下一个港口，他看见陆地，不是只有海鸟的小岛，也不是任何一片没有意义的荒凉海岸，而是真正的大港，真正的目的地。这时候一切必将涌回，老人平静地忆述："不知道是什么理由，我认为她一定就在这个港口。只要我上岸，我一定会遇见她。"

每到一个城市，他都失望一回，这是无聊的追踪游戏，他下意识地把货船预定的航程当作自己寻找恋人的计划。每一次的失望，都令他反过来怨恨自己的无能，使他产生不如住下来的念头。只要住在一个陌生的港口，就可以从根断绝所有不切实际的幻想了。

最后他还是回来了，于是我问："那么你终于和她重逢了吗？"当然没有。他发现不要说住在同一个城市，就算天天出没在同一座楼里，原来说见不着就是见不着。缘分一物，竟可诡谲至此。

这个故事的教训是，人用不着出海，隔断千山的大海自然会跟着你。

黑暗之心

八月三十日

那天晚上,他问我:"为什么? 你甚至根本不认识我。"我只好沉默。的确,我并不认识这个人,因为我不知道他怕什么,他最大的恐惧是什么。要完全认识一个人,一定要认识他的恐惧。

读康拉德,读他的传记,最令人惊异的是这位伟大的海洋作家,了不起的海员(或者,我们应该尊重他的意愿,把次序掉转成"了不起的海员和伟大的海洋作家"),在结束了航海生涯之后,竟然一直居住在内陆,既没有海风吹拂,也看不见半点海岸。唯一还能暗示他前半生的,是墙上挂的一小幅版画,画里有艘漂亮的三桅帆船。即便如此,当纪德满怀好奇心地来看这位经历不凡的古怪同行时,康拉德还是对他说:"别盯着它,我们来谈谈书吧。"

康拉德是个真正懂得海的人,所以他知道人不应该爱上海,因为"它要有多无情就有多无情地出卖青年人的豪爽热忱,对善恶都漠不关心,从最卑鄙的贪婪到最高尚的英勇精神都可以出卖"。海洋如此广大如此古老,人的尺度无法丈量它,你也根本不可能知道它在想什么。遇上海难的水手经历了紧张的亢奋、不安急躁以及海水涌入肺部时的绝望,最后从闪现着丝丝白发的恐怖浪潮中沉入永远安静永远沉默的海底。或许他会知道海的秘密,但他没有回来通知大家的机会。

海员绝不爱上大海,相反,海是他最大的梦魇。康拉德几乎没怎么认真写过爱情,那或许是因为没有一个陆地上的人会真正了解水手的恐惧。

河口

八月三十一日

和许多人所想的不同,海上航行并不总是孤独的。我指的是船,船并不是独自一艘地行驶,在我们用肉眼看不见的航道上,一艘船的前后必定有其他的船。当两艘船面对面地相会,它们将响起汽笛,打个招呼,就像两个友善的陌生人。

海员未必爱海,但他们一定爱船,甚至像康拉德那样,总是把船写得像个人似的。因为在不可预计的风浪之中,宽阔无边的大海之上,只有船是你的依靠,只有它是你的伙伴。海员与水手必须相信它,忠诚地爱护它。所以看见另一艘船,就等于看见另一个人,是汪洋里的慰藉。

最戏剧化的场面,是入港前的那一刻,水面上难以尽数的各类船艇彼此隔开一段距离,但又感觉亲密地排着队,等待泊近码头。尤其是大河内的口岸,过了涨潮的时机,吃水较深的船只好在河口过夜。此时将会看到一片灯火静静地停在水面,你就知道,快要到家了。

但什么是家呢?黝黑的肤色与深刻的皱纹模糊了你的身份,要在第一眼就把你认出来,是困难的。就算相认,又该怎么对他们描述另一道河岸的泥沼、群岛之间的暗礁?相反,你也不再跟得上这个地方的语言,对于他们所说的一切总是有点事不关己的陌生。

夜里看着那么多船舶亮起温暖的灯,你有向他们打听消息的冲动,就像在异国的旅店探问爱人的去向。同时却又不忍也不敢面对回到岸上的现实,他或许在,或许不在,又或许早就无关痛痒。回去,还是不回去?这就是河口的犹豫。

魂断威尼斯

九月二日

由水路进入威尼斯，固然可以看见圣马可广场的辉煌，尤其是那只长着翅膀在阳光底下无比璀璨的雄狮，但我们都知道这其实是一座由尸首堆成的城市，那个曾经雄霸整个地中海的共和国早已灭亡，它的遗民倚靠游人的追悼度日。

相对于大海的清鲜但无情，上演绝世爱情戏剧的威尼斯是一座发出腐臭的水城。在托马斯·曼的笔下，即使是游客趋之若鹜的贡多拉也长得像是一副黑色的棺材。威尼斯，"一半是神话，一半是陷阱"。若从远洋归来，首先踏足的港口就是此地，你的日子也就可以数算了。

在《魂断威尼斯》里面,托马斯·曼沉思美与死亡的关系,这座水城的娇美残骸是美的理型与瘟疫之阴影的象征结合。我们的主角,那位一生理性审慎的大作家在此饱受美少年的折磨,劫数难逃,于是回忆起希腊先哲关于美感的断言:

"他们说,太阳熠熠发光,炫人眼目,它使理智和记忆力迷乱,它使人的灵魂为了追求快乐而忘乎所以,而且执著地眷恋它所照射的最美的东西。是的,它只有借助于某种形体,才有可能使人们的思想上升到更高的境界。说真的,爱神像数学家一样,为了将纯粹形式性的概念传授给不懂事的孩子,必须用图形来帮助理解;上帝也是一样,为了向我们清晰地显示出灵性,就利用年轻人的形体和肤色,涂以各种美丽的色彩,使人们永不忘怀,而在看到它以后,又会不禁使人们满怀伤感,同时燃起了希望之火。"

暗恋

九月三日

基本上,《魂断威尼斯》也是一个探讨暗恋的故事,主角艾森巴哈不可自拔地迷上了波兰少年塔齐欧,每天早上等待他的出现,然后追踪他的足迹;担心自己被人识穿的可笑,多于害怕正在弥漫的瘟疫。水道上传来牡蛎腐烂的恶臭他不管,屋角有不正常的消毒水气味他不顾,一门心思全寄在那位瘦削但美如希腊雕像的少年身上,终于逃不出这座死相艳丽的城市,成为它的另一个牺牲品。

不记得是不是鲍德里亚(Jean Baudrillard)了,曾经以那段著名的巷道跟踪为例,解释何为"主体之消解"。在威尼斯曲折而又肮脏的巷弄里,艾森巴哈鬼祟地尾随塔齐欧,随他踏上小桥的楼梯,随他穿过桥底运河旁的狭窄小道,随他拐过钟楼大门旁的商店转角,却没有和他说过一句话,即使他对自己的那一丁点注意也可能只是自我投射的幻觉。

威尼斯错综复杂的城市景观是一幕追踪悬疑剧的绝佳舞台,也是暗恋的形象比喻。最理性最自重的作家全然放弃了自己,以对方的脚步引领自己的脚步,以对方的意志为自己的意志。主体之所以是主体的自主自律在这样的状态底下彻底融化消散,就像水城流向咸水湖的那些污水一样,变成流动的液化状态。水往低处流,他也不断地沉沦堕落。

解救的方法只有一个,就是和他正面相遇彼此交流,哪怕只是一两句话也好。只要有交流,对方就承认了你也是一个可以言语能够反应的主体,恢复了你作为一个人的身份。可是艾森巴哈却选择了另一条路,就是继续自己无言的追踪,最后当然不免丧失自我的命运。名副其实的魂断威尼斯。

暗恋的道德

九月四日

暗恋也不是一点好处都没有的。托马斯·曼在《魂断威尼斯》中不无附会地引述了苏格拉底教训斐德若的话:"求爱的人比被爱的人更加神圣,因为神在求爱的人那一边,而非在被爱者那头。"然后他自己再评论道:"这也许是至今最有情味也最可笑的念头,七情六欲的一切诡计狡诈和它们最隐秘的乐趣皆由此诞生。"

神为什么会站在求爱者那一方呢?曾经有人认为,那是因为单恋不会伤害人。这种说法预设了爱情与伤害的共生关系,有爱必有伤,世界上没有不受苦不挨疼的恋爱。而单思和暗恋,受苦受伤的顶多是自己,对方却毫不知情。就算对方知道,也不必假装同情,更没有回报的责任。既然这不是个双向回馈的流程,你又怎么可能损及对方毫发?所以单恋是最高尚最富道德情操的一种爱恋形式。

可是别忘了单思的幻想作用。单思的人总觉得自己无所不能,愿意为了对方最微小的幸福而付出最大的代价,愿意牺牲一切去完成对方的心愿。就算发现对方和另一个人在一起,他也以为自己那默默守护的态度才是最伟大的爱,正如凡人看不见摸不着的守护天使。甚至,他会不自量力地认为对方的爱情是自己的甘心成全。当恋人受伤或者遭到抛弃,自己就会像天使一样现身抚慰。

然而他现身了吗?他现身过吗?没有。因为这是单恋,一种不采取任何行动的恋爱。由于没有行动,所以一切行动的可能性都是存在的,在脑海之中。幻想,当然是无所不能的。又由于一切行动都未曾发生,根据伦理学的基本原则,也就谈不上善或恶,道德或不道德。只有实际的行为才配得上道德判断,所以单恋,其实是超越善恶的爱恋。

偷窥

九月五日

关于暗恋,基耶斯洛夫斯基的《情诫》有很独特的诠释。在这部杰作里(尤其是剧场加长版),暗恋的表现形式走到了极端,变成了偷窥。这算是一种爱吗?偷窥者真能说是爱上了那个被偷窥的对象吗?

电影中的十九岁男孩,每天用一副偷来的望远镜定时窥视对面大楼的女子,看她绘画,看她独舞,也看她和男子相拥亲热,直到他们开始做爱,才心痛地放下镜筒别过头去。为了接近这个被他看得透透彻彻的陌生人,他甚至不惜偷走她的信件,又胡乱寄些信给她,还每天起个大早当兼职小工好为她送牛奶。

基耶斯洛夫斯基的老拍档普列斯纳为这个小男孩谱了一首只有几个小节的主题曲，有种孤寂的纯真，总是在他看着她想着她的时候静静地奏起。偷窥是不道德的，男孩也做了许多犯法的事；但是观众就是同情他，因为这么极端的单思是何等地孤独，没有人发现，他也不指望什么。或者我们应该说，由于是偷窥，他甚至是不能被发现的。

暗恋之纯粹，在于不求结果，完全把自己锁闭在一个单向的关系里面。这么寂寞的感情，像是只有那首小曲懂得，每一次都适时出现陪着男孩。当然，这是就观众的立场而言，那位戏里的少年甚至不知道有一首真诚的音乐可以抚慰他。

音乐最欢快的时候，是少年终于突破了禁闭，得到一次不能想象的机会。女人问他："你到底想怎么样？吻我？和我做爱？还是跟我去旅行？"十九岁少男初恋的要求竟然只是"一起去吃雪糕"，女人居然答应，她一定觉得太好玩了。小曲变得飞扬，小男孩快乐地拖着一车的牛奶瓶旋转。这时他还不知道，暗恋一旦转明，悲剧就不可避免了。

爱的理型

九月六日

　　基耶斯洛夫斯基为《情诫》定下了很清楚的规矩：在整部戏的前三分之二，我们都是用男主角的眼光去看这个世界。但那被爱的女人，那被偷窥的对象到底是谁呢？我们并不清楚。

　　偷窥者的目光是很有意思的，它非常纯粹，是暗恋的理型，一种完全不须回望也不须交流的注视。或许还可以大胆推论，这才是爱情的绝对形式，只有外壳，没有内容。

　　根据早期柏拉图的形而上学，人的灵魂曾经在另一个世界见过各色各样完美的理型，那是个尘世不可能存在的绝对形式，例如最美的美、至善的善，以及符合数学定义的圆。但是人一诞生，再抽象再理想的形式有了内容，缺陷与遗憾也就随之而来了。

由于早就失去了这份天真，世故的女子难免要嘲笑少男的傻气："不可能，你不可能爱上我。"可是少男面容坚定地回答："我爱你。"仿佛前生的记忆仍然依稀存在。为了教导/训这个男孩，女子引诱他，然后在他受不了刺激而早泄的时候冷冷地告诉他："这就是爱情。"于是最实在具体的内容出现了，一直还活在理型世界中的少男备受伤害。饱经创痛的女人把自己的痛传染给男孩，这就是爱情，这才是世界。

但是，难道偷窥就不算爱吗？不了解甚至不认识一个人就不能爱上他吗？在电影的末段，观众和女人一起在自杀未遂的男孩身边发现：他未必知道原因，但他见过她哭泣，见过她受苦。隔着两座大楼之间草坪的距离，他不明就里地看到她难受，又无能为力地以目光隔空怜惜她。不问为什么，也不顾现实，这岂非爱的理型？

视而不见

九月七日

应该如何理解无效的偷窥呢?

曾经,我喜好舞弄文字,以一篇虚拟的情书当做作文,试图让改卷的老师也不忍落泪。如今我鄙视煽情,但是回想当年,那篇作文的基本观察其实并没有错,尤其在这个城市。

香港这个城市,许多人以为是福地,其实却是一片穷山恶水。往往在被削去一半的危险山坡旁边,有高楼拔地而起,对着一壁山崖峙立,如此险恶,又如此傲岸。全世界你找不到第二个城市有这样的景观,有这么多的高楼竟然是用来住人的。看信件上的地址,随随便便一个普通家庭，就是住在三十多楼的高度。

于是我们可以想象，冬夜里有一个男人徘徊在恋人的楼下，痴痴仰望。他甚至坐车搭船，去到偏远的角落，但依然不脱恋人视线范围之外。因为她住得太高，视野太宽；若是港畔，更有无穷海景尽在眼底。所以理论上这个男子，只要在这个城市的疆域以内，她是看得到的。

可是我们都晓得，当这个男人站在九龙远眺港岛，或者反过来；就算他的恋人伫立窗前，就算他在她的视野以内，她还是看不见他的。或许是她没有用上非凡的望远镜，也没有聚焦搜寻，更可能是他太过细微。这真是名副其实的"视而不见"，他明明就在她目睹的城景之中，但消融其间，不为对方发现。视而不见。

他却知道她在那一栋楼，再远也能看见，所以他站好位置，远远偷窥，同样也是视而不见。无效的偷窥。

当时我写那篇作文的时候，我并不知道，原来人真的可以在另一个人的眼中渺小若斯，恍如尘土。

扮演上帝

九月八日

我们都曾经历，面对他人的苦苦追问而默不作声，对他身受的折磨视若无睹。在这种情况底下，我们扮演了上帝或者命运的力量，将对方抛进了被遗弃的处境。不妨抄袭并且改装存在主义的名言：恋人是被投掷的存在。

被投掷于此世，一片虚无，人类遂开始探问存在的意义，却发现回应的只有沉默。更甚的是，我们甚至搞不清楚提问的方向，以及陈构问题的方法。于是一番挣扎得来的解答莫非皆是自己的想象。所谓人生在世的意义，其实都是假设。

只要继续隐蔽,我们就能为恋人张开一面世界与人生的寓言。然后看他翻滚,看他消瘦,看他衰落。而他又会生起怎么样的念头来帮助他自己解释这不可解释的局面呢?

他可能会想,是自己犯了严重的错误,于是反躬自省;他可能会想,是我的软弱与怯懦封闭了哪怕只是一丝怜悯的流露。他可能还有无数的想法,为的只是替我解说,为无言的他者同情地勾勒出自己可以理解的苦衷。

然而一念天堂,一念地狱。正如在沙漠中断水辟食到了第七天的人,会产生狂暴的幻想,上一刻犹自咒骂天命之不公,下一刻却绝望地开始静赏沙丘移动的姿态。被弃绝的恋人也将从成熟的平静与善意的了悟忽然转成满心的怨毒,他会反过来谴责我的无情,断定此前种种皆是我铺设的陷阱。他会指着地上的身影诅咒:"为什么之前你不让我离开?为什么叫我不要不理你?你这天杀的却无故消失!我要把你钉在泥土里!"

扮演上帝是很好玩的实验,看着恋人的反复就像神看着我们人类在悲欣之间辗转摆荡。这是最高级的角色扮演游戏。

没有心的男人

九月九日

"想象一个男人生来就少了一颗心,他善良,正直,彬彬有礼,但就是没有那颗心。"——芬妮摩尔(Constance Fenimore Woolson)

今天收到一位不认识的作家寄赠的书,她是苏友贞,她的书叫做《禁锢在德黑兰的洛丽塔》,一本很动人的文集。虽然其中不少文章都曾在《万象》与《读书》看过。但既已成书,遂再次翻弄它们新的容颜。突然,我就在《狂啸的沙漠》一文看到了这句话,芬妮摩尔在威尼斯跳楼自杀后留下的笔记里的一条写作纲要。不知道为什么,这句话刺痛了我。一百多年前,有一个男人看了这句话之后,一直无法释怀,他不停自问:"那个男人指的是我吗?"终于,他替她完成了这个故事,把芬妮摩尔还没开始的计划写成《林中野兽》。他是芬妮摩尔的同行,虽然他的作品在生前一直不如芬妮摩尔的畅销,也不如她受重视;他是芬妮摩尔的挚友,虽维持了十多年的暧昧关系,但他却竭力控制自己的情绪。他是亨利·詹姆斯,那位不世出的美国写实主义大师。

芬妮摩尔死了,而我们的大师却来到她那位处三楼的住所烧信,他急忙毁灭任何和自己有关的痕迹,不只是怕人以为她的自杀是为了他的冷淡(他根本否认自己爱过芬妮摩尔),更害怕芬妮摩尔爱他。翻箱倒柜,亨利·詹姆斯在寻找一封可能不存在的遗书,他以为这封遗书会有这样的句子:"我不愿意活下去,是因为詹姆斯不能爱我。"

然而他看到的却是一个未展开的意念:"想象一个男人生来就少了一颗心,他善良,正直,彬彬有礼,但就是没有那颗心。"亨利·詹姆斯此时的行动恰恰印证了这句断言。

成就文学的方法

九月十日

我第一次读亨利·詹姆斯,是将近二十年前的事了。完全不懂,那时我的英文太糟。第二次是去年看了托宾(Colm Toibin)以他为主角的《大师》(*The Master*)之后,才开始重头欣赏他那纤细精微的敏感。很难有第二个男作家能像他这般,无微不至地同情笔下的女性,刻画她们的无奈和伤痛如自己亲历。可是,他却是一个没有能力去爱的人,"一个没有心的男人"。

最近几年,亨利·詹姆斯从经典中复活为潮流,他的作品是许多学者再解读的文本;他的一生是许多作家再想象的素材。苏友贞的《狂啸的沙漠》谈的就是那些围绕他的新书,而且她很准确地捉住了他的根本缺陷，同时也是他的根本能力。

例如芬妮摩尔与他的关系，如果他完全不知道芬妮摩尔爱着自己，他为什么要躲避？他替芬妮摩尔写的《林中野兽》难道不是一幅自画像吗？在这本书里，男主角马乔一生为一种莫名的恐惧缠绕，这种恐惧感神秘得可笑，以至于他无法向任何人倾诉，除了巴特拉姆，她总是静静倾听，默默接受。马乔沉醉在自己的恐慌之中，浑然不觉巴特拉姆的存在，只是恍若无人地自说自话。等到她死了，他才突然明白，根本没有什么可怕的灾难会发生，他的人生安好无事。但是巴特拉姆已经死了，原来，她这么深地爱着自己。马乔后悔吗？这个只能害怕却无能去爱的人。

亨利·詹姆斯并非一个登徒浪子，相反，他极度自闭，甚至终其一生都是处子之身，连有没有接吻的经验都是可疑的。他把对人的爱与同情全放进了作品，现实中他不愿面对芬妮摩尔，想象里马乔却发现了巴特拉姆的深情。爱的能力与写作的才华在他身上成了不能并存的东西。苏友贞在文首恰当地引用了福楼拜的母亲对儿子说过的话："你的心早已枯死在对文字狂热的执著里。"

还债

九月十一日

亨利·詹姆斯最伟大的作品是《一位女士的画像》(*The Portrait of a Lady*),灵感来自他的表妹蜜妮(Minny Temple),一个命运悲惨的女人。

她聪明可爱,性格独立,总想离开故乡去看看这个世界到底有多大,但是却活在一个对女性的要求特别严格的社会里,而且家境贫寒,所有的愿望都只能是幻想。更不幸的是她年纪轻轻就得了癌症。她央求表哥,在她死前带她去欧洲,游一趟就好。结果亨利·詹姆斯一个人去了意大利。

詹姆斯后来却还老拿蜜妮作挡箭牌，每当有人问他单身的理由，他都说是因为恋人早逝。恋人？他们能算是恋人吗？在他能力范围以内的小小请求，他都做不到。他为蜜妮做过什么？

他为他写了一部杰作。在《一位女士的画像》里，蜜妮以另一个身份出现，真的去了欧洲，开过眼界，圆成梦想。在小说里，她终于自由了。

所有他不能表达的感情，所有他不能还报的债，亨利·詹姆斯都用小说完成。对于那些爱他的女人，他并非完全无动于衷，但是他压抑，不愿面对。因为他更爱孤独。每当他动起常人的感情，想要握住一个女子的手，或者只不过是去探望伤兵暂摆一副怜悯的神态；他都会立刻想起他那温暖的书房，有一面自己的小窗可以窥看这个世界，坐在那里写作是件多好的事呀。

愈是压抑，亨利·詹姆斯的文字就愈精纯。与他心目中的同代对手王尔德极为不同，王尔德不论在为人和书写上都是一派飞扬，詹姆斯却晦涩幽微，婉转细腻。如果相信看书知人，读者一定以为这个作者充满同情心，宽容博厚。其实他是的，只是这一切都留在小说里。

他不是

九月十二日

亨利·詹姆斯穷其一生以书写证明自己不是一个少了颗心的男人，他的确不是。只是这颗心完全以潜能的状态存在，犹如种子，本来可以抽芽茁壮，生成大树，但他把这颗种子的所有活路一一切断。他有爱，不过没有爱人的能力。

所以他是一个真正享受孤独的人，因为喜欢孤独的人必定也喜欢爱情；因为唯独在爱情当中，才能最圆满最深刻地体会孤独，而且这还必得是不可成就不会成就的爱情。就这么闭户独居，你不会感到孤独；但是在一个人的怀抱与自己的小房间之中拉锯，且终于舍弃前者回到密室，你的孤独才是完美的。

在这个意义上,亨利·詹姆斯和一个四处拈花惹草的人其实是一样的:两具面孔,同一首级。永远寻找爱情的人并不渴求爱情。他总不满足,那是当然的,世上根本没有他想要的答案,也没有能够止住他渴欲的圣泉。他爱上一个人,然后伤害了别人或者伤害了自己,再随着环境给定的路线去寻找下一个人。他想在每一个人身上印证自己的孤独,在每一次恋情里细细品味寂寞的感觉。

否则我无法解释这些所谓"浪子"的动机("浪子",一个被赋予了过多幻想,却终究俗滥可笑的意象)。并且,久而久之,他开始培养出战阵军犬的直觉。例如我的一个朋友,他在一份礼物上只用铅笔留言,为的是有朝一日对方可以轻易拭去,不留痕迹。在每一段关系的开头,他已预感到终结的模样,他永远在投入的同时抽离,在水乳交融的时候孤寂。

"想象一个男人生来就少了一颗心,他善良,正直,彬彬有礼,但就是没有那颗心。"春天来了,冬季还会远吗?

借用

九月十三日

　　如果一个人受过严格的文学理论训练，对于亨利·詹姆斯的小说是为了补偿自己对女人的亏欠这种说法，应该是要嗤之以鼻的。因为根据理论提供的常识，作者的实际生活和他笔下的作品不可能有这么简单直接的关系。假如有关系的话，那也是可疑可议的。

　　忽然想起一位前辈诗人，他喜欢写书信体散文，传说那些文章抬头的"K"、"Y"和"S"都真有其人，而且是他钟情的人。这些文章发表出来，人所共见，大家喜欢，但是只有那些"K"、"Y"与"S"才明白真正的读者其实是自己。诗人把他的情书藏在报纸和杂志的一角，两个人的密码隐没于公共空间的信息洪流，难道他就不怕误读，就不怕有人误用？

大鼻子情圣西哈诺剑法卓绝，文采超群，坏就坏在样子长得不俊。所以他爱上一名女子，却不敢现身。恰巧他的好友也是同好，而且仪表不凡，仗义的西哈诺就拔笔相助，替胸无点墨的知交写情书。这情书他写得苦呀，一字一句都是真心话，但都成了代笔。果然，那女子被西哈诺的文字打动，计划很成功。她爱上了他的好友。

我是一个什么事都喜欢拿来开玩笑的人，所以当年第一次听说这故事，就为它改了一个更不堪的结局。话说那女子收到这许多情书，觉得它们的遣字造句意象比喻确有动人处，甚合己意，于是一声谢谢都没有就借用在自己的信里，好写给其他人看……

朋友都笑骂我没良心，说西哈诺这样子太可怜了。怎么会呢？嘿！如果西哈诺真的爱她，又怎能不为此欣慰？

笑话

九月十四日

读到一个故事。从前匈牙利有位贵族叫做查洛斯特公爵，酷爱读书，生性幽默。革命期间，他也被推上了断头台。押解途中，他仍一边走路一边看书，镇定如常。等到脖子被架在台上，用不着看着路面了，于是他就从容地掏出一支笔来，趁刀子还没掉下来前，在刚刚读到的精句下划线作记号。

这是我所知道的书痴故事中最叫人绝倒的一个。看来查洛斯特公爵还不是一般的书痴，他必然还是个极幽默极懂得自嘲艺术的人。且想象那行刑的刽子手，那旁证的法庭人员，还有那些在场看热闹的群众，他们当时是觉得好笑、愤怒，还是不知所措？这个革命的敌人竟然在死前还不放过开他们玩笑的机会。

通常我们会以为这样的人是很乐观的,无论遇到什么事都能笑嘻嘻地应对。其实他更像小丑,不,比小丑更甚。电影里的小丑还能对人欢笑背人愁,这种一辈子逗人发笑的性格不是面具不是短袍,它根深柢固地植在他存在的核心,使得他整个人就是一个玩笑,不放过他人,也不放过自己。

无论遇到什么事,他都是笑嘻嘻的。妻子离开他的时候,他开始担忧搬家的时候在床底跑出来的昆虫。朋友离开他的时候,他对自己说:"反正他会有死去的一天,迟早得走。"说到死亡,就算面对至亲的死讯,他也要费了很大的劲才压住自己耻笑医生们那伪装愁容的冲动,再转头也装出一副伪装的脸孔去安慰哭得死去活来的家人。

不知道为什么,他就是不能不笑,无法平抑调侃自己和调侃他人的冲动,而且他笑得那么真诚,一点也不是为了显示坚强。俗话说生命是个大笑话,所以查洛斯特公爵也很同情地用笑话去回应,不愧是贵族的风范。

静物

九月十五日

美国作家厄普代克(John Updike)除了是个了不起的小说家,还是个挺有水平的艺评人。他的新著The Terrorist据说不怎么样;但他去年出的艺评集Still Looking,我看过,写得真好。

这本集子谈的全是美国艺术,里头只有一位画家得到两篇文章的篇幅,那就是爱德华·霍珀(Edward Hopper)了。这并不奇怪,因为霍珀一向被认为是美国绘画的代表,他不只捕捉了美式生活的根本想象,还把这想象变成了启发无数后来者的传统。

厄普代克的批评内行,一针见血地指出了霍珀的人物画得不够好。但是霍珀的人物又何须画得太好？就像厄普代克所说，那些人物和霍珀所有画里出现的房子与路灯一样，都像日晷，它们的主要作用就是彰显光线的存在，让自己投射出来的影子说明时间与气氛。

而那说不出的空寂气氛，正是霍珀迷倒许多人的力量来源。例如1929年画的《杂碎》（*Chop Suey*），已经算是他比较热闹的作品了，小小的中国餐馆临街一角，坐了两桌客人，窗外有斜阳射入，主角是两个戴着帽子的女人。画里的色彩难得丰富，东西也多，有小灯、茶壶和悬在衣架上的外套。奇怪的是一向空洞寂然的霍珀即使在这么拥挤的画面上还是营造出了静得忧伤的气氛。

为什么？仔细看那两个对桌而坐的女人，厄普代克敏感地发现她们似乎都在倾听些什么。怎么可能呢？两个人坐在一起吃饭，如何可以同时都在听对方说话？起码得有一个人说话吧？还是她们都在等待什么？

后人喜欢把"寂静的诗"这个称号冠在霍珀身上，因为他把人都画成了静物，似乎有所言语有所动作，却什么都没说什么都没做。

诱人的寂寞

九月十六日

霍珀是最受美国现代文学欢迎的画家,除了像厄普代克这种艺评也有一手的作家,不知有多少诗人和小说家从他的画作撷取灵感,甚至专门创作题献给他的作品。

《夜鹰》(Nighthawk)是霍珀最为人熟知,也是他得到最多诗人回响的一幅杰作。大城市的街角,路上无人,所有的商店也都打烊了。只剩下一家廉价的咖啡店仍然开着门,这家咖啡店就是这幅画的主角了。可千万别以为对比起空寂的街道,这家还亮着灯的店就会有点温暖的人气。

不，这间沿街有扇透明大玻璃窗的小餐馆要比夜里的马路更孤独，因为里头有人。惨白的灯光映照着惨白的墙壁，吧台般桌旁坐着一个孤独的男人低头看着自己的杯子，不知道在想什么。另一边还有一对男女，就和霍珀笔下的所有人物一样，他们静默无言。唯一的侍应看着这些客人，其实也没什么特别值得看的地方。这些人被掏空了，姿态和表情不表达任何东西，就像餐馆外的夜路一样虚无。

很多人认为霍珀的作品画出了现代生活，尤其是现代美国生活的虚无与寂寞。每个人都不知道自己生命的意义，每对夫妇与情侣都陷入了无以为继的空白和沉默。这种寂寞是前代大师画不出来的，因为他们不在这个时代。

可是这些表面寥落的画却又充满了张力，总是在诱惑观者想象和思索：为什么这些人不说话？为什么他们会在这里出现？一定有什么事发生在他们身上，但那到底是什么呢？所以霍珀的画又是戏剧性的，就好像从一部老电影的菲林里剪出的一格画面，引诱了无数作家去为它铺排出前因和后果。现代的寂寞并非句号，它永远都是一个问号。

有钱人的笑话

九月十七日

这篇文章甚好。

医院的角落有一堆过期的娱乐杂志，一翻就看到逗趣的文章。难怪他们舍不得丢，对于病人和家属来说，没有比这些杂志更能调解心情的东西了。

那篇文章的主角是个卷入娱乐圈绯闻的富家子，他居然对记者说："我无法接受一个人爱我只是为了我的钱。"哈哈哈哈！他怎么会有这么古怪的念头呢？别人怎会为了他的钱而爱上他？他应该反过来想，如果他这么有钱，而竟然还有人爱他，那他的命就生得太好了。因为一个有钱人想得到爱，实在要比骆驼穿过针孔还难。

情况就和漂亮的女星喜欢说"看人不能只看外表"一样,她以为有人会为了她的美貌爱上她。而这副天赋的容貌只不过是她的"外表"。

(财富、美貌,甚至才华,都不是外在的东西,而是一个人身上无奈的限制与枷锁。你不能说一个有钱人除了财富之外还有一个完全与此无关的内在,也不能说一个美丽的女子除了美貌之外还有一个不受外在影响的本质,不,因为这些所谓外在的条件不只深刻地改变了穿戴它们的人,甚至还扭曲了他们的人格。就像一个面具戴得太久的人,他早就失去了原来的面孔。)

你很难爱上这样的人,不是因为财富、美貌与才华会使得他们骄纵任性,而是这些外壳如此耀目,即使是拥有它们的人也不能不自觉。一旦自觉,他就疏离,甚至戒惧。他会变得小心翼翼,仔细审视每个接近自己的人,然后把自己放上判官的位置,以为有能力去判别人心的真伪。所以他们不能带给任何人亲近的安全感,也不能让任何人亲近。他连自己都和自己不亲近,他总是在过滤他自己。

娱乐杂志有很多这样的笑话,我喜欢这种娱乐。

空房

九月十八日

听说他要搬家了。其实这又和我有什么关系呢?虽然在我们最后一次见面的时候,他曾经问我:"是不是很新奇?你好奇吗?"("好奇",他的一个口头禅。)这个家,他招呼过无数的朋友上去坐,据说有一个整洁漂亮的厨房,夜里能够看见海港远方的一片灯火。但是我从未去过,我从来不属于被邀约的名单。所以他搬家与否,或者搬到哪里,和我又有什么关系呢?

霍珀画的房子,无论内外,都是干干净净,和他的人物一样无情。终于到了晚年,他最后的作品《空屋内的阳光》,一个人也没有了。只剩下招牌式的光线,在地板和墙上切割出几何的阴影块面(但是面与面之间的线条并不硬朗,不稳定的接口正在暗暗模糊边界)。还有一扇窗,窗外的树荫底下是穿不透的深沉。

即便如此,它还是叫人好奇。这间屋子为什么空荡若此?如果早就没有人住在这里,它不可能这么光洁无尘,可见这是个刚刚搬空的房子。假如这是间无人的空屋,是谁在注视这一片光景?是画家本人吗?垂垂老矣的霍珀画的是不是他死去之后的家呢?莫非他在死前预料到了身后的空间?一所失去了主人的房子,合该如此,这幅《空屋内的阳光》是他对自己的预言,一篇为自己撰写的悼词:人走室空,但阳光依然洒下,我的离开并没有改变世界的什么。

回到现实,一个搬空了的房子或许用不着两天,就会住进新的房客,重新粉刷,重新装修,还有新的家具。世界真的不会因此改变,它总是新的;而旧人的气味注定要消散,不留半点踪迹。不变的或许只有那扇向海的窗户,以及窗外南中国海的天空。但这又与我何干?反正它是永远对我封闭的一间屋子,所以永远在我的想象中空洞迎光。

搬出去

九月十九日

原来搬家是这样的一回事，因为书柜和衣橱的长久沉积，地面会印出一圈痕迹。只有在东西都搬走之后，它们才以约略的轮廓显现出那已不在者的分量与时间。就像凶杀案的现场，死者的身体早已挪开，但它的形状却被白色的粉笔勾勒在地上，清清楚楚。

看着一个和你同住多年的人离开，你的心情实在与谋杀犯无异。罪疚之前，先有解脱的叹息。每一个杀人犯都以为自己别无选择，这是解决问题的唯一方法，一了百了。然后，或许（只是或许）会感到内疚与创痛，原来自己的路也走到尽头了。"为什么事情会发展到这个地步？"

那些家具留下的印记能够说明什么呢？正如描画死者身体形状的白圈，除了大小尺寸，它并不能告诉我们死者的姓名，他生前的喜好、他爱吃的食物、他害怕的动物、他值得自豪的成就与一生最卑鄙的污点。即便是这些曾经因为承载了过多的重量而积压出来的印痕，也无法说明那些柜子里的收藏。

巴什拉 (Gaston Bachelard) 的经典之作《空间的诗学》(*La Poétique de La l'espace*) 有一章谈到橱柜："衣橱与其隔板、文件格柜与其抽屉、箱匣与其双重底座，这些都是私密的心理活动的活器官。诚然，要是没有了这些部件和它们收纳的那惹人爱怜的小对象，我们的私密生活就将失去私密的状态。"

并且，"橱柜存放着秩序，这个秩序中心守卫着整座房子，以抵抗无限的混乱侵袭……这个秩序也记忆着家族的过往历史"。

如今这些柜子都搬走了，伴随它曾收藏并分类的记忆一道消失。于是家里的秩序不免缺了一角，并且由此开始崩塌的过程。凶案的现场。

记忆术
九月二十日

巴什拉又说:"家屋是记忆的住处。"这当然不是他原创的说法,而是一段历史的总结。欧洲人很早就发明了一套围绕着屋子的记忆术,学者把自己的见闻与学识分门别类地放进想象的小屋里不同的房间。在有需要的时候,就打开屋子的大门。经过走廊,右手边的第一间房里是希罗多德记录过的所有战场与行军路线,杀伐之声不断;左手边的第二间房里是西塞罗修辞学的分类表和详细示范,充满语言的诡谲暗影;拾级而上,二楼有一间起居室种满了一整片热带雨林,其中有树懒在枝头攀爬时摩擦出来的绵长的撕裂声,林间穿过的光线则恰巧照出一头豹的斑纹……

记忆术的修习者总是用自己住过的房子当模型，盛载一切需要牢记的信息。但是在开始把东西搬进去之前，他并不需要先行清空原有的记忆；相反，他要巧妙利用这些老旧的记忆，哪怕它们浸满了情感左右的印象和偏见。譬如二楼的那间起居室，本来是他第一次亲眼看到蛇的地方，那年他才六岁，蛇口吐舌的危险信号他记得清清楚楚。如今这里要是装进了他在南美游历过的河道与两岸的丛林，谁曰不宜？而且当年那条小蛇或许还在林木之间游荡，只在他垂死之际完整现身。

　　记忆术的穴门在房子的屋角。一间屋子的角落，一半封闭一半开放，它是最原始的蔽荫，有一定的安全感，但又不够完整，什么也藏不住。所以我们没有办法将任何知识封存在此，放在这里的记忆必将流失，弥散向整间房子的通道，仿佛扬尘。

　　所以他搬走之后，我就躲在屋角呆了一个下午，看空气中飞舞的轻灰。

身体里的家
九月二十一日

巴什拉说得真好:"但是在我们的记忆之外,我们诞生的家屋,铭刻进了我们身体,成为一组有机的习惯。即使过了二十年,虽然我们踏过无数不知名的阶梯,我们仍然会重新想起'第一道阶梯'所带来的身体反射动作,我们不会被比较高的那个踏阶绊倒。家屋的整个存有,会忠实地向我们自己的存有开放。我们会推开门,用同样的身体姿势慢慢前进,我们能够在黑暗中,走向遥远的阁楼。即使是一道最微不足道的门闩的触感,其实都还保留在我们的手掌上。"

故此,无论我们去到哪里,我们住过的房子都跟着我们的身体走。我从一间屋搬到另一间屋,最早的那个家依然存在,轮回再生,醒觉于我起床梳洗的流程之中，复活在我坐卧吃拉的动作里面。

两个人同居因此是两组使用空间方法的交会，两座记忆中家屋的拼组融合。在这个过程里面，有些东西不见了，又有些东西留了下来。同居就其最物质的意义上说，不外乎迥异的家庭空间与器物之争斗与妥协，混杂与化合。每一场婚姻之前，有绵延了不知多少代的房子；每一场婚姻之后，又不知还有多少间房子在流徙、裂变和播散。

有些喜好卖弄小聪明的电视剧，里头会有一些喜好卖弄小聪明的角色，上了一个男人的家，就好像发现了什么惊天大阴谋似的："喔，你这儿有女人住，要不就是她常来。因为你的马桶坐板是放下来的。"

这有什么好奇怪的呢？很多独居男子不只把马桶的坐板放下来，还把这个习惯无意识地刻进了他的身体，即使她早已不在。直至他到了异地的酒店，他才如梦初醒地发现自己竟然坐在马桶上发呆，但怎么想都想不起这个姿态的源头。

逃逸

<small>九月二十二日</small>

　　老人终于住进了医院，八十多岁的身躯日渐衰落。他给我的这个家，却永远缠在我存在的根处，才割断一条经脉，另一头又结成了肿胀的树瘤。

　　人给丢在这个世界之上，但他并不是赤裸裸地掉了下来。在多数的情况底下，他首先生在一个家庭之中，在一间屋子里面。这个家，这间屋子为他界定了最早的形上思考基础，屋子里面是"内在"，屋子外头自然就是"外在"。内外之别不只是空间的区别、形象的区别，它还是我们所有思维活动的根本隐喻。人一生下来，首先学会的一组对立就是这内与外的差异。

美籍华裔地理学家段义孚（Yi-Fu Tuan）有本十分有趣的论著《逃逸》（*Escapism*），说的虽是逃逸，开头却由家屋说起："家屋是一个将人附着于无数行为与思考习惯的地方。它变得如此亲密地编织进每日的存活之中，使得它看起来就像一个人存在的本质与根源。离开家屋，哪怕只是自愿而且暂时的，也能感到像是逃逸出走，暂居于一个幻想的世界。"

逃逸，难道终究只是暂时的幻觉吗？

老人这辈子历经战乱迁徙与流亡，见过世家的极盛而转衰，到头来花果飘零，只有一间斗室是安全的。怕光，任何时候他都垂下窗帘；怕出门，他避免外出。孤独得不行了，他就打电话听报时与天气状况，因为他没有可以打的电话。他的口头禅是"这个世界上谁都信不过，除了家人"。

这就是他为我准备的第一个家，百年的记忆与创痛，我用十年就体会完整。然后我用接下来的二十多年逃逸，以为可以建起一个幻想的世界，还有自己。

在他的日子可以数算的时候，我才理解逃逸终究是幻想，这个世界没有外面。

真空

<small>九月二十四日</small>

连日行走于工作与医院之间,在家的时候其实很少。一旦有了个较稳当的晚上,才发现自己竟又回复了独处的生活。

独居总是安静的。四处都闻不到硝烟的味道与故人的气息,因为他们把属于他们的那一份空气也带走了。整间屋子的记忆,整个家的历史,不管是常态的阵痛(却一直生不出孩子,且想象一个永远阵痛但无子可生的妇人),还是偶尔的甜蜜,一切都被抽走了。房子处于一种接近真空的状态。

独居是安静的,因为它接近真空。由于真空,声音也就没有中介可以穿透传递了。

我喜欢音乐的原始原因，是因为家里的声音太多太杂太吵。金属摩擦得刺耳，指甲划过胶片的时候又总是令人坐立不安，所以我放上唱片，让唱机播出马勒或者齐柏林飞船。音乐可以掩盖一切，就算它治愈不了空气中被切割出来的口子。

当其他音源渐渐静了下来，当空气日益稀薄，我还是习惯一进门就放音乐。只是现在我似乎可以看到音波扩散的波纹，缓慢如微浪，撞到墙壁再反弹回来，声呐般地显像出我的形状与位置。只有我，一个人。

他甚至连猫也带走了。猫本是最安静的动物，踏步无声，就算坐在你的脚侧良久，你也意识不到。可是现在我了解，即使猫也有自己的空气，气若游丝；猫也有它行动的声音，大音希声。

当然，这间房子只是接近真空，还算不上真正的真空，因为我还在。人是一间屋一座建筑的伤口，只有去掉了最后一人，建筑物才是完美的。就像画册上看到的那些伟大作品，总是没有人住的时候才最漂亮。

同居

九月二十五日

　　有那么一段时间,有个女孩天天到我那里过夜睡觉,我们甚至不时拥抱。

　　她总是在深夜的时候,一个人惶恐匆忙地奔下山,然后在山脚的路口坐上早就订好的出租车,赶赴我家。日子久了,司机们都认得她,有一回还听见司机在对讲机说:"唉!不就又是去接那个小姐。"她笑着对我说:"他们一定以为我是出来做生意的。"

　　她不是,没有人是这样子做生意的,老是背着一个巨大的袋子,里面装了各种日用品,比如说隐形眼镜药水。这些东西我都有,但她还是坚持自己带来。何况她每个晚上都在，又何必那么麻烦，东西都放我那不就行了吗？不，她坚持如此。

后来我们发展出一套仪式性的对答。一打开门，我必须问："哇！为何背着那么大的袋子？"然后一口气冲上楼梯的她一定喘着气红着脸地回答："因为我要搬过来住了。"

她当然没有搬过来住，我也不曾要她留下。她还是照样在睡前把衣服杂物一一取出，罗列床前，然后第二天又把它们都放回袋子里，离开。有时候甚至一觉醒来就看不见她了，周围干干净净，好像昨夜的事不曾发生。直到夜里，门钟再响，我再一次问她："哇！为何背着那么大的袋子？"她再一次回答："因为我要搬过来住了。"

后来她消失了，果然什么东西也没留下。但我记得好像有一只耳环，一枚断了带子的手表；还有一张她在泰国某处海滩拍下的照片，阳光灿烂，海水正蓝，她稍稍皱眉对着镜头微笑，很白很亮。

这几天收拾家中杂物，怎么都找不到这些东西。我怀疑这个人是不存在的。

生日

九月二十六日

当所有人与动物都离开之后,一间房子就像流浪马戏班演出过后的空地,地上犹有帐篷架子在地上钻出来的空洞。一些过时的电器保用证,就像花哨的宣传单,走路时带起的风就足以令它飘动,在这凌乱而空洞的房子里。房子大了许多,静了许多,在张灯结彩的马戏班离开之后。

昨天是他的生日,我本来买了演出的门票,想和他一起去看。结果门票过期了,我只好把它丢在地上,加入俗华的马戏班广告,和里头世界上头部最小的人放在一起。然后想象一个人吞完火把之后吞剑,大家看得目瞪口呆。还有一节车厢,最里面有张床,床上躺了一个植物人，旁边是张小木桌，桌边有个女人能用塔罗牌卜算我们的命运。她说："我的力量来自我的母亲，她什么都知道。"然后指一指床上的植物人。我看见她的母亲双眼无神，嘴角流了一道口水。刚从车厢出来，整个营地就有掌声和欢呼一阵阵地爆起，抬头一看，原来夜空里烟火绽放。生日快乐。

我不知道他的生日是怎么过的，不过我知道很多他不认识的人都在两个星期前开始祝福他，甚至送礼物给他，仿佛国庆。从前我不注重任何纪念日，连家庭成员的生日也都记不住；可是后来才明白一句"生日快乐"实在别有深意，因为就像弗洛伊德所说，人总是向死而生，生日又怎能不快乐？多长一岁，我们离死亡又近了一步。不管是提醒自己珍惜余下的日子，还是期盼终将到来的解脱，生日都是可庆祝的。"生日快乐"，是人类"死亡驱动"（death drive）由衷的呼声。

以后我只能假装不认识他，因为我没有别的选择了。但我在他生日的这天还是点起了一根蜡烛，放在窗缘。昨夜下了入秋的第一场雨，用来树立蜡烛的碟子因此装满了水，我把它看作他的回应。我懂了。再见。

帝国

九月二十七日

那个用牌算命的女人,借着她已成植物人的母亲的力量,为我预示了命运:"你将拥有一座帝国。"

我不明白这句话的确切含意,但也没有多问。因为正如古希腊大哲赫拉克利特所说:"德尔斐之王(也就是太阳神阿波罗)既不隐藏,也不明言,他只给出一个记号。"大抵所有的卜卦皆如是,既不隐藏也不明言,有的只是一个记号。而记号,皆有待诠释。

"你将拥有一座帝国。"我带着这个记号回家,看到满屋的书——唯一剩下给我的东西,于是就用了最浅显的方法诠释自己的命运。"坐拥百城,虽南面王不易",这些书就是我的帝国了。

开了灯,我检阅自己的部队与属民。原来书里夹着这么多的异物,例如一场电影门票的票根,某顿晚饭的收据。还有一张纸片,上面记录了一个电话号码,但没有说明属谁,我试着打去追查,接通之后是这样的留言:"你打的号码已经停止服务,请查清楚后再试过。"

居然还有一封信,绿色的笔迹密密麻麻。我凑近床灯读它,发现又是一封开了之后没有看过的信。那阵子他在欧洲,写了许多这样的信给我,我没有回,甚至没有看。为什么?我怎能如此狠心?现在我才知道,几年前他想告诉我的事。如果我想回复,我该去什么地方找他呢?

为了维持帝国血统的纯正,我细心地把所有这些夹在书里的外敌与异种清理出来,放在一个大纸袋里,明早好拿去废纸回收箱。我一向支持环保。

满地都是书,我坐在中间,就像博尔赫斯笔下的那个国王,精心构筑了能够迷惑任何人与野兽的迷宫,足以抵御任何外敌,最后却困死了自己。

放逐

九月二十八日

　　宽容，是种帝国的美德。因为帝国疆域辽阔，有数不清的神祇，不同的生火方式以及杂多的睡卧姿势。如果没有宽大容让的胸襟，又如何承受这一切有时甚至彼此冲突杀伐的万民呢？而且这个世界上从来没有完全封闭的边界，因征服而夺取回来的土地又早在征服以前就有人生有人死。所以，想要建立一个血缘纯正的帝国，无异于痴狂的幻想。

　　好比我的书所构建的这座帝国，我卖力地抹除领土上残存的前世记忆，搜寻混迹于善良百姓中的可疑外人，结果找出一张又一张书签和书签的替身，预备放逐它们，或者干脆付之一炬。然而，就和罗马的末日一样,烽烟四起。我好不容易平定了某处的民变,才刚刚开拔往赴另一个战场,它又再度沦陷了。不是书里还藏夹着我看不到的角落,而是这片领土,这些书本身,就是双重效忠的杂种。

例如一本研究环境声响的论著,就兀自在左侧书柜的角落低鸣,使我心烦意乱。我记得它,那年初冬,我在伦敦,夜里在书店等他放学,它也是这般低鸣,于是把它带了回来。现在,我早已失去他的信息,但回绕这本书的残响犹在,不知如何使它静哑。

又如一本食谱,是一家餐厅的出品。那个晚上他喝多了,脸颊发红,我仿佛看见自己的命运。知道他喜欢搜罗食谱,于是就在离开的时候买下这本手绘的小册子。辗转地,它又回到了我的手上,我的命运,应该如何割舍?

要不是彻底丢弃我所有的领土,就是放逐自己,否则一座帝国永远都不会只属于我。想起华兹华斯的一个小故事。话说来客拜访他的书房,震慑于藏书之壮丽。主人不在,管家代他回答:"这里只是主人放书的地方,平常他在花园或者野地上看书。"

书房

九月二十九日

如何活在书堆做成的房子里，却能完全看不到这些书呢？这个问题真正想问的，其实是怎样被记忆包围，却又可以遗忘所有。因为书既是记忆的容器，又是记忆本身。

阿根廷作家多明盖兹 (Calrlos Maria Dominguez) 有一本小书提供了答案，《纸房子》(*The House of Paper*)。这是本小到你用一小时就看得完的小说，但又大到你必须再三重读镇日思量。爱书人一定喜欢这本谈书的书，何况有彼德·席斯 (Peter Sis) 的插画，捷克最魔幻的插画家配上了南美魔幻写实的传人，结果是个书之迷宫的入口。

这本书的中文版是台湾张淑英译的，西语专家手笔，自然可读。但我不喜欢她蛇足地把原著书名改成《纸房子里的人》；而且比较起来，原版与英文版的设计都更精致秀气，一上手感觉就对。

还是说回那个答案吧，方法就是真的以书为砖，不管它是平装版的《堂吉诃德》还是来自13世纪的里昂的珍贵绘本，一律都用水泥密封起来，再黏上碎石与木块，垒成支撑屋顶重量的柱子，与挡风遮雨的墙。

卡洛斯·布劳尔的唯一兴趣就是读书与藏书，他爱他的书，他的书应该也爱他。总共两万册的珍藏与他朝夕相处，世界尽在其目光可及之处。然后有一天，事情发生了，他就把所有的书都运到遥远的海边小渔村，利用它们为自己砌了一座简陋的房子。

此后，他再也看不见它们了，那些他花了一辈子收集回来的书，虽然他就住在它们之间。他也不可能知道某一本书的位置，不知道它在厕所的地砖底下，还是藏在烟囱的顶端。就像一个人的记忆还在，但却没有秩序与结构去引导他定位提取。我什么都记得，只是失去了辨认的能力与拆墙的决心。

残缺

九月三十日

我借给他的书，他全还给我了，当然是用十分间接的方法。晚上给自己倒了一杯喝的，我在灯下一页一页慢慢检视这几本书，看看里面有没有留下任何记号，哪怕只是折起的一角。没有。于是我重头再翻，至少纸上有他指掌残存的温度吧？没有，纸张保温的能力还没好到这个地步。

很奇怪，这些书还没回来的时候，我反而觉得自己的藏书和自己都比较完整。它们似乎是我书房必要的缺角，在一个自闭的世界里开了一道裂口，将我和他，以及他代表的那个更美好因而也是我不配接近的真实若断若续地接了起来。但是现在，它们在此。我的缺陷与丑陋因此再也没有被救赎的机会，紧紧锁在一室的书里。

我有一个很多人并不认同的买书习惯，同一种书要是有好几本，我必定选择书脊折曲、封面肮脏、内页有水渍的那本。理由是这些条件残缺的书我要是不买，别人也不会碰，它们最后的下场就很可忧了。

久而久之，我的家变成了一座孤儿院，我以为自己是个大慈善家，四出搜寻没有人要的孩子。如果有人问我，我的藏书有没有重点，答案就是残缺。

为了一些状况很不堪的书，我买齐了糨糊、胶水、钳子与针线，甚至苦读修复书籍必备的参考书。但我太懒了，这些工具我从未用过。不过不打紧，所有有缺陷的东西聚在一起就完整了，没爹没娘的孩子凑在一块玩就不会孤独。

多明盖兹《纸房子》里发疯的藏书家把两万本书做成了世界尽头的一间房子，这间纸造的房子虽然坚固，但还是顶不过狂暴的风浪，碎裂成沙洲上的纸屑，例如布克哈特的《意大利文艺复兴时期的文化》，就满是船只排出的黑色油污与虫子蛀出的孔洞。

我怀疑自己的习惯其实反映了自己的遗憾，但我的拯救行动终是徒然。到了最后，我和我的书都将化成灰烬。

挫败之书

十月一日

难免会被人问起:"哪一本书对你的影响最大?"今天让我坦白吧,这么多年以来,其实我一直在说谎。

因为我不能直接说出它的名字,怕它尴尬,它是如此珍贵又如此敏感。我没有为它在书柜上留下一个特别的位置,也没有用一个精致的锦盒盛载它,因为它不想自己显得与众不同,这会使得它在书群之中格外不自在,负担沉重。

从前,我爱上了一个由于害怕我而最终厌恶我的人。这种厌恶与恐惧深到一个程度,乃至于我就算随意地和他打招呼,他也不愿理会。更有可能，他根本就没注意到我的手势与笑容，因为只要我的氛围一出现，他的身体感官就会为他自动蒙上一层蔽障，保护他。

在失去联络一段日子之后，我们又在人群中重逢。也是为了保护他，我刻意回避闪躲，仿佛真正应该恐惧的人是我。然后很荒谬地，那天晚上，他突然问我以后能不能起码和他打个招呼。我立刻就懂了，他不想人家注意到我们的不自然，我的退缩态度会惹起朋友之间的联想与闲话。这当然对他很不好，尤其那些闲话里的角色是我，这个实在不该和他拉上关系的人。

我不知道其他人有没有这种经验。通常对我们影响最大的书，起码要是自己看得懂的书，然后才能全心全意地沉浸其中，舔吮它的每一行字每一个标点符号。可是我的那本书却是不可解的谜团，它引我入门，却又永远拒绝我再踏进一步。我在这本书上得不到任何答案；只学到更多的问题，提问的方式，以及这些方式的全部挫败。这本书，毫不起眼地藏在一个书架的第二层里，教懂了我枉费心机的定义。人生最有价值的教育，莫过于此。

孤独如狗

十月二日

在人类离开地球以前,我们最好的朋友比我们先走了一步。如今有愈来愈多的富豪自己花钱去玩征空之旅,兴高采烈地出发,再满面笑容地回来给镜头簇拥。大家都忘记了五十年前,有一头名叫莱卡(Laika)的母狗上过太空,并且死在太空;它是第一个进入绕地球轨道的地球生物,也是第一个死在地球之外的生物。

苏联小说家格罗斯曼(Vasily Grossman)一生最伟大的作品《生活与命运》早就译成了英文,但直到近年,英语评论界才认识到它的重要。有人说,如果《战争与和平》是帝俄时代的百科全书,那么《生活与命运》就是苏联时期的《战争与和平》了。和更受外界注意的索尔仁尼琴不同，格罗斯曼没有那么强烈的道德批判，他只是很细微很专注地去写极权体制底下每一种人每一个行当的处境与无奈，从政坛高官到贩夫走卒，他画出了整个社会的全景。因此，在苏联瓦解之后，格罗斯曼没有陪着殉葬，不像索尔仁尼琴那样，成了一个失去对手的挑战者。

格罗斯曼有个短篇，讲的就是苏联在1950年代送上太空的狗。他的态度很暧昧，既不强烈谴责这种做法的不人道，也不歌颂那些动物英雄的牺牲，他注意的，是一头流浪母狗——佩斯楚什卡——的眼睛。这对眼睛，曾经在街头机警谨慎地躲避车辆找寻食物，后来对着收养它回来做实验的科学家表达信任与爱；被这些人射出大气层之后，这一双眼睛成为有史以来第一双看见地球在黑暗中冉冉迎日的眼睛。

它到底看到了什么？科学家并不清楚，尽管他们在地上掌握了它所有的生理数据，甚至还听得到它的声音。"'它嗥叫了好长的时间，'技术员说，'这太可怕了，一头孤独的狗，单独地在宇宙之中，嗥叫。'"但是他们就是不知道，佩斯楚什卡看见了什么。

寻常

十月三日

    我有一个看起来很风光的朋友。有一天他如常下班回家,才发现一切他习惯他熟知的事情都变了。

    他的书搬走了,厅里的书柜因此空去一半;浴室墙上的毛巾架至少不见了三条毛巾;卧室更是清冷,衣橱轻了许多,照片和可资纪念的物品也都不在;更奇特的是连枕头也只剩下一个。而整间房子却是清洁整齐,丝毫没有匆忙劫掠的痕迹。朋友打电话,电话号码改了;他写信,信件原封退回。那个人就在那天上午十点以后从他的生命之中消失,再无踪迹。

"你恨他吗?"我的朋友告诉我,他不。

我理解,并且想起那个改变并且几乎毁灭我的人,也是如此消失,以极不正常的方法结束了我的正常生活。后来为了伪装一个平常的外表,竟还要我在有人的时候如常待他。我是不是应该生他的气,甚至恨他呢?

少年时代,我也和许多文艺青年一样,喜读纳兰性德,例如他在二十多岁时写下的这一句:"被酒莫惊春睡重,赌书消得泼茶香,当时只道是寻常。"容若是贵族公子,才活了三十一年,对于人生变故的体悟却是同龄人很难领会的。所以当年虽然觉得这首词好,其实我并没读懂。

我们也有过短暂且寻常的时候。尽管未必能够对赌书中典故的出处,也不至于笑闹得杯覆茶洒,但是我们曾经讨论自己喜欢的作家,曾经用同一只杯子喝酒。事后回想,这岂不都是寻常风景?

"当时只道是寻常"这句话本身就把平常变成了异常,所有我们以为会成习惯的平凡人事皆是无常偶然的诡局。只有事后追忆,才明白那寻常是何等的殊异可贵。赐给我们寻常体验的人,是不可恨的。

最初

十月四日

既然悔不当初,我们就会想起最初,并且思考最初的意义。

我很喜欢布莱克(William Blake),诗画俱佳,尤其是诗,在他那个时代的英语诗人之中,别具一番神秘的阴郁。例如这首《永勿企图说出你的爱》(Never seek to tell thy love),一开头,诗人就低声宣布:"永勿企图说出你的爱/爱情从来不可表明/好比温柔的风吹过/无声、无形。"为什么?

下一段有诗人的亲身说明:"我说出了我的爱,我说出了我的爱/我向她倾尽心声/颤抖,发冷,心惊胆战——啊,她果然消失。"

看来正是因为如此，才有第一句的回省与总结。

如果说直到目前为止，这首诗还有点孩子气，像个初恋少年苍白的失败记忆的话，我们就要仔细注意最后一段了（请看原文，恕不中译）："Soon as she was gone from me／ A traveller came by／Silently, invisibly／ He took her with a sigh."

谁是那个旅人？何以一声叹息就能带走她？还要留心形容这个旅人与第一段形容温柔之风的用词是一样的，都是"无声、无形"。莫非带走意中人的正是爱情本身？

所有美好的东西都不应过度发展，都该保留在萌芽状态，将发未发，因为那是一切可能性的源头。未开的花可能是美的，未着纸的笔有可能画出最好的画。可是事情只要一启动，就不只可能，而且必将走向衰落与凋零。

还是纳兰性德："人生若只如初见，何时秋风悲画扇。"如果一切都停留在最初，那么平静，平静到了一个冷漠的地步，只是客套但友善的微笑，不排除什么也不保证什么，会是怎么样？如果。

电视

十月五日

老人的视觉日渐衰退，身体也缺乏足够的能量去帮他收束精神，所以他关掉了电视机。平常最喜欢的节目，如今他都放弃了。和他谈起来，才发现其实他早就看不懂电视了。他能看见美丽的容颜，也看见了不断开合的嘴唇；但是他失去了理解那些刻意讨好的表情，与自以为是的聪明言语的能力。假如电视是虚伪的表象，他看的就是表象的表象了，并且因此看到真实。

我羡慕他的状态，这是看电视的最高境界。

很多年前，电视台在一切有"意义"的节目都结束了的深夜时分，推出过一个叫做"鱼乐无穷"的奇怪节目。就只是把镜头对着一个鱼缸，动也不动。除了可有可无的配乐，唯一变化的就是缸里飘动的水草和不停游泳的鱼，还有那些鱼的吻部，一开一合。

很让人意外，这个没有意义的节目居然很受欢迎。许多夜归人半躺在沙发上，疲倦地盯着电视，看鱼。还有一些人看了一整天的电视，到了这个最后的时刻，就关掉一室的灯光，也关掉电视的声音，完全沉浸在这三种光原色组构成的水缸里，似乎想洗掉今天脑子里填装进去的一切信息。反正那都不关我的事。

我有些同事敬业乐业，每天做完节目还一定要定时看自己的节目，说是为了检讨改进，实际上却又会被自己逗得大笑被自己感动。

我很怕在荧光幕上看见自己，正如我愈来愈怕在报刊上看见自己的文章。不，还不是因为我觉得那不是自己（什么又叫做"自己"？）；而是节目里的自己是那么无聊，嘴巴一张一合（我到底在说什么？），比鱼还无聊。

在老人的眼中，所有电视节目都变成了"鱼乐无穷"。他竟然看到了绝版停播的节目，幸福。

床边的故事

十月六日

既然看不了电视,老人就要我为他说故事。

在我很小的时候,我就是这样坐在他的床边讲故事,甚至唱歌。他不是为了培育我阅读、说话和歌唱的能力;他只是喜欢听我说唱。比如说,在《龙的传人》那首歌最红的时候,他就叫我每晚唱给他听,明明有部录音机可以重复播放,他却坚持听我童声演唱的版本。

起初我以为他太爱我了,乃至于爱上我的声音。后来我发现除此之外,这是因为自闭如他,也想和这个世界发生联系,想知道远方的战争、过去的闹剧和未来可能出现的美好新世界。可是他并不相信这些，对于自己活动范围之外的事物，他本能地疑惧。因此他要我这个能够信任的人做他的耳目，为他拉近外面的世界，使它们看起来比较稳定。仿佛只要经过我的转述，马尔维纳斯群岛战役的死人才真正死了。

不过，故事本身总是要求虚构与装饰。我身为一个说故事的人，也不得不遵循故事的训令，加油添醋，把马尔维纳斯群岛描绘成一个火山活跃的地带，士兵在震动的大地与随时涌出岩浆的裂口间躲避流弹……

久而久之，我竟然成了一个擅长说故事的人，总是有本事把颜色和气味涂洒在身边的空间，使之转换成另一个时空，令听者神入其中。就算在末日审判的那一天，我也会在上帝面前如此诉说自己的善行。

我不能自已地说。唯一不理会我的听众是已过世的另一个老人。就像本雅明所言，他这辈子见过太多暴露的尸体与不测的天命，因此沉默得出奇。到了晚年，他失聪了。小时候和他上街，我就跟在后面死缠烂打不停地说。他一直走，默不作声，心里思忖："这小子到底在说些什么？"

因信称义

十月七日

有一天晚上，我告诉他我想见他，于是他问："你是不是又有什么好玩的故事和有趣的经历要告诉我？"对他而言，可见我是一个负责说故事的人，这也是我对自己身份的界定。

我向老人说故事，一个接着一个，就像归来的水手，把游遍七海的见闻带到他的枕边；而他喟叹、微笑或者评论，犹如古时说唱艺人的听众，总是恰当地反应，鼓励并且参与艺人那说不完的故事。

我逃离过这个处境很多次了，我逃离老人和他的家很多次了；可是我再三回归，像回力镖，飞得再远，击中再多的猎物，还是回到了起飞的原点。每一次回来，我就有更多的故事。不过所有的故事都有近似的结构，就像国王的女儿一定有三个，湖仙拿出来的斧头一定有三把。因此他很清楚我在什么时候会停顿，在什么时候他该追问"接下来呢"。

但是说故事和听故事的人都不厌倦，因为大家都相信。我们不是相信那些事是真实的，而是相信那些结构是真的，相信所有人间可能发生的喜剧都是一样的，所有的不幸也都分别不大。于是听故事的人可以认定自己只不过是海洋中的一滴水，即使死亡，也不意味世界的终结。而水手带回来的故事之所以好听，也是因为它们如此熟悉，而不是它们奇诡到了完全陌生的地步。

(故事抚慰和治疗的能力，《一千零一夜》示范得最是彻底。苏丹不再杀妻，最后他忘记了自己被女人背叛的创痛，因为他在那些故事里看到了世界的无限大，就算用去一千零一夜也数说不尽。相比之下，自己的悲苦又算得上什么呢?) 当然，这也得靠聪明王妃的故事说得够好。

后来他不愿再听我的故事，他不再相信。我治不好他的伤口。我失败了，技艺不精，自然失去了再说一个故事的机会。

月亮的时间

十月八日

"海上生明月,天涯共此时。"那时候的人还不知道地球是圆的,所谓"此时",大家不一定看得到同一个月亮。好比这一刻的我与他,分别身处两个相距甚远的时区,还有什么事情是共同的呢?

我们以日月区分日夜,又用这两个天体的移动和变化去标记时间的流动和往复,太阳和月球因此不只是空间的坐标,还是一种时间的象征。可是属于太阳与属于月亮的时间却有截然不同的素质。

我们为太阳发明了日晷,但是我们可以用月晷去显现时辰的变化吗?中秋之夜,我在地上树起了一根棍子。不是蜡烛,不是火把,就只是一根平凡细小的棍子。它不发光，它的作用只是让光线投射出自己的影子。结果当然是失败的，月光的轮廓太过阴柔太过模糊，尽管今夜月圆。月亮以自己的圆缺指示时间，太阳不会。所以属于月亮的时间总让人静观、默想与回忆，在人和时间之间拉开了一道可以回旋进退的距离。因此看见月亮，我们会想起另一个人是否也和我一样，看着同样的光景；但是对着太阳，我们就没有这点余裕了。

我曾自问，我之所以忘不了他，是不是因为我们还在同一个城市。我们不再联络，不再共桌，不再同车，我们失去了所有可以用得上"共同"去形容的东西；可是我至少知道我们还在同一个城市。假如他回到他自己的城市，我还可以凭什么依据去连起两个人呢？如此稀薄又如此可怜的联系。难道真的是可共此时的明月？

现在他真的离开了，而且我实验月晷的时候，他应该正在明媚的日光底下散步湖滨，我们被分别放置到两个不同的时区，分别归属于两种完全不同的时间质素。我还能凭什么去盼望他记得，记得在异地为我带回一片树叶？没有。

纪念

十月十日

　　我曾经告诉他一些可能会把他吓着的故事，果然他也吓了一跳。但是在送了他回家之后，我收到他的信息："我喜欢你的故事，因为那是你的一部分。"

　　本雅明认为，故事"的目标和报道新闻不同，不在于传达赤裸裸的事物本身。它使得所说的东西和叙述它的人的生命融合为一，而且在他的身上为故事的内容汲取养分。就是这样，故事印上了故事人的痕迹，正如陶瓶身上模印着陶工的手纹。所有真正的故事人都习惯事先说明自己是怎么听到这故事的，甚至把它描述为自己亲身经历过的事情"。

因此，说故事的人先是从自己广阔的经历中淬炼故事的轮廓，犹如在群星之间勾勒出星座的描线；又或者把一段听来的故事沉淀进意识海洋的深处，让它分解重组，成为自己亲手养育的水族的一部分。然后在说故事的时候，他把它——这自己生命的一部分——交了出去。

如果说故事有时会是一种勾引，那不是因为故事的情节引人入胜，而是述说故事的处境如此亲密。故事人所说的每一段话都像耶稣在最后晚餐说的那句名言："这是我的身体，你们大家拿去吃。以后你们也要这么做，好纪念我。"听故事的人领受了这一块身体，而且记住了它（如果运气好的话），使它也成为自己身体的一部分。日后，每当他再向人转述这个故事，他都会记得它的来处。每一次的重述，因此都是纪念。

说故事与听故事，就是这么亲密地传递分享一个人生命的神圣行动。那一刻是不可取代不可重复的，故事可以再说，甚至对着同一个人反复地说，但它确确实实不是当初那一刻。所以前贤曾经辩论，圣餐仪式到底算不算最后晚餐的重演？它如何可能重演？

他呢，又会不会转述我的故事，以纪念我与我们的那一刻？可能吗？

倾城

十月十一日

我用这样的方法来回忆一段感情的开始和结束：

在我们结识那一年夏天，古城出事，不知死了多少人。柏林围墙垮了，伯恩斯坦在布兰登堡门前指挥柏林爱乐演出贝多芬第九交响曲。苏联瓦解，冷战正式告终。中国人发出了第一封电邮。波斯湾战争爆发，萨达姆的军队被迫撤出科威特。曼德拉当上总统，南非种族隔离的日子结束了。厄尔尼诺现象肆虐，南美洲的渔民出海终日竟一无所获。后来邓小平死了，卢旺达的种族屠杀则愈演愈烈。巴尔干半岛的情况也一发不可收拾，北约首次出动它的空军。香港回归，我们正式变成中国人。台湾变天，陈水扁上台。世贸组织在西雅图开会,全世界第一次见到反全球化运动的力量到底有多大。欧洲宣布统一,尽管那算不上真正的统一。基地组织用两架飞机撞毁了纽约的世贸大楼,一个崭新的帝国自此崛起。全球使用手机的人超过了二十亿。南亚海啸,死者以十万计,灾区重建大概要用十年的时间……

当初我们没想过世界的变化,但是我们更料不到沧海桑田,有人出生又有人死了之后,我们竟然挺了过来,直到如今。

如果一座城市可以为了一段不大光彩的暧昧感情而陷落,世界上的战争与和平,天灾及人祸,又为什么不能是我们的见证呢?

陈凯歌在找张柏芝饰演《无极》里那一笑倾城的美女时,大概没想过自从张爱玲之后,"倾城"已不再是一个绝色女子的名字,而是所有恋人那无限膨胀的自我。世间一切,尽为背景,只有我们的故事才是真正的故事。

相信

十月十二日

　　近阅止庵编的谷林书信集《书简三迭》，发现自己原来已经不懂得写信了。不是因为手机短信和电邮发多了，所以再也写不出一封像样的信。小时候多少也跟过秋水轩做过练习，又曾喜读名人信札，认真起来，勉强或能作一两篇合规矩的信。我不懂写信，是因为我不再相信"信"这回事了。

　　看谷林老先生这些公开印成书的私人信件，我深深觉得这才是一封信该有的归宿。写一篇准备印给陌生人看的文章，与写一封只打算给某个特定对象读的信，基本上没什么不同，都是文字的做作。而文字的做作，我们本来就不该期待读者相信。同一本书，即便亲如母子也会看出两个版本，作者又怎能盼望他们共同相信自己的意思呢？所以，如果要写信的话，最好一开始就打定主意这是写给陌生人的，撤除任何关系上的假设。

写信给苦思的对象，切莫枉费心机，以为一字一句都在赤裸透明地传送自己的情意。不，文字本身就会背叛你；才落在纸上，它的表意功能就立刻丧失了。等到他开启信封的时候，你的言语（那真是你的吗？）早已冰凉。你不能以为他一定明白，就因为你自以为他是特别的；你只能把他当做一个普通的读者，顶多是个辨析死尸的法医。

然而"信"这个字，一语双关，既是信息的通传，又好像要收信的人必须相信什么。例如"草草布复，不尽十一，敬候起居"；难道你真要读信的人觉得这是封"草草布复"的信，又要他准确真诚地感到你的问候吗？

于是书信这种东西，格外地给加上了一重信念的枷锁，写信的累，读信的也累。倒不如像谷林这样，把它们都公布出来，无疑是解放。

信物

十月十三日

　　我却还在写信，我不管他相不相信我的话，也不管日后回想起来是否连自己也不相信自己所写，因为我以为至少这是一个信物。

　　什么信物？比方说我的手迹。笔迹之外，我总在纸上留下许多痕迹，因为我的手并不干净。我抽烟，常常为图方便就用指头去压斗里的烟灰，纸上不免就黏了些混合手汗的灰色粉屑。我仍然依赖墨水笔，手掌一侧因此总是沾到未干的墨水，又转印在信纸之上。我想，他一看就知道这是我的信，因为他知道我的手就是这副模样，脏脏的。

你可以不相信我的信,但是你不能不相信这是我的。一个记号,一件物证。

念大学的时候,有一天晚上给室友叫醒,原来他要我们几个人陪他去宿舍外的空地烧信。他找来一个铁桶,生了火,然后一封封信扔进去。我们不知道他烧信和我们有什么关系,大概是为了增加他自己的勇气和决心,也有可能他以为这么浪漫的举动不能没有观众。要命的是每烧一封信,他还要先朗读一遍。虽然睡眼惺忪神志不清,但是我们都给他逗笑了。我还记得他眼睛噙着泪,有点生气地抬头问我们:"笑什么?有什么好笑?"结果一阵爆笑,大伙儿乐不可支,纷纷抢着帮他读信。然后天很快就亮了。

天快亮的时候,我又写好了一封信。我不知道现在他到底住在什么地方,只好胡乱填个地址就寄了出去。这一连串寄到海外的信,就像经过训练的猎狗,我把手掌凑近它们的鼻子让它们闻个清楚,再拍一拍它们的头发令:"Go get her!"它们很乖,箭一般地奔向晦暗的森林,边跑边吠,似乎目标在望。然后声音与身影都渐渐消失在清晨的浓雾之中,没有一头回来。

罗马

十月十四日

罗马有的不一定总是假期。

第二次和他吃饭,他看到背后的墙上有只漂亮的碟子,来自罗马一家很出名的餐厅。大概是一时兴奋,他冲口而出:"我们以后一定要去那里吃。"这种话,这种情景,我想他大概都忘了。其实当时谁也没在意,我也是事后回想,才收拾出这么一小段记忆。接下来我却反复琢磨,他说的到底是"我",还是"我们"呢?如果是随兴的话,"我"和"我们"又有什么分别?我又何须煞费思量?

听说,只要朝那池泉水丢一枚硬币,你一定会回到罗马。

很多很多年前，有一个信用卡广告，女主角在机场柜台露出不舍的模样，男人知道她还不想结束假期，于是温柔地问："你在想什么？"女子小心翼翼地说了出来："罗马。"镜头一转，恰当使用信用卡的这一对自然已经到了罗马，就在罗马之泉前丢硬币。

那时有一个人看了这广告，也对我说："罗马。"我掏出信用卡，向他解释，就是这片小小的塑料卡摧毁了资本主义得以茁长的新教伦理。现在的资本主义，动力来自消费，而非生产……他听我讲了两小时的韦伯与鲍德里亚，还是回答那一句，"罗马"。我只好告诉他："难道你没听过，罗马不是一天建成的吗？"

经过那么长的时间，我们的罗马始终没有建成，我和谁的罗马都没有建成。这个城市残破，这个城市老旧，因此吊诡地显现出一副永远未完成的状态。事实上，它真的四处都是鹰架，总是有人在修复古迹。它究竟是在建设之中，还是正在毁灭呢？前赴机场的途中，我想象路过的建筑一一在我身后崩塌。但我知道，我会再来，届时它们又会为我呈现废墟的景象。

杭州

十月十五日

回忆，无论如何都是伤感的。如果回忆的是痛苦的往事，那么我们就等于再次经历痛苦；如果回忆的是甜美欢快的过去，那么我们就不免慨叹其失落与不可复回。

可是书写回忆就不同了，把它写下来就是在现在与过去之间隔开距离，更是在回忆与书写的当下隔开距离。从这个意义上讲，书写回忆就像一种精神操练，就像修习止观，把那令你欢喜令你难过的材料提取出来，观察那种种念头的生起和寂灭，进而省思它们使我欢喜使我难过的条件。然后，我或许有机会超越欲念，不动心。

我又来到了杭州，这座记忆之城，总是以其因应四时而产生的多变姿态，不断地撩起游人过客的心绪，让他们想起这个城市曾经呈现的面目，想起破落的北国，想起逝去的盛世，甚至想起与它绝不相干的个人经历。这一切思绪都存留在中国文学史上，把杭州变成文学上回忆的别称，不只忆杭州，也因杭州而追忆。江南千里，西湖最是仿佛；西泠望极，一片草色天涯。时间完全压缩弥漫在一个具体的地点之中。

《陶庵梦忆》始终是我不能忘却的一本书，它本身就是一趟从杭州开始的时间回溯，中国追忆文学集大成之作。在《陶庵梦忆》里面，即使最渺小的一件物事说起来也都是个故事。故事，故去之事。天宝物华，盛世遗风，痕迹全留在一盏灯一管笔身上了，作者的责任就是把握这点前朝余留的幽暗微光，在未来的无尽黑暗里往回照出一点回忆的朦胧。

上回在西湖边上，是好几年前的事了。我对他说过一个写作计划，想要比较《陶庵梦忆》与本雅明的《拱廊计划》（*Arcade Project*)，谈谈历史、记忆和日常物具的关系。这个计划至今没有完成，所以我的记忆书写本身就是一段残破记忆的内容。

杭州绣户（一）

十月十六日

宇文所安（Stephen Owen）在《追忆》里面有一章专谈南宋末年的大词家吴文英，这正是一位给困在杭州记忆之中的诗人。宇文所安说："在中国的传统里，恐怕没有谁的诗像吴文英的词那样执著地同回忆和回忆的行为缠绕在一起。一名离开他没有再回来的女子，从生平上为理解他的许多首词提供了背景。但是，吴文英的回忆的意向可以同任何主题拴系在一起，读了他的全部词作，我们可以明白，是他对回忆的迷恋影响和制约了他对被遗弃的反应，而不是相反。"

以吴文英为例，宇文所安让我们知道有这么一路诗学，是如此固执于回忆，几乎以之为全部的灵感和主题，以追忆的逻辑结构一切的作品。又有这样的作者，失恋也好，离乡也好，对他而言不是负面的打击，而是创作正好需要的材料。

这样的创作就像"绣户"，一扇绣上了精巧花纹与图案的绢门。关上门，真实得足以把人烧伤的世界就给隔在门外了。这时，所有的追忆都是无害无温的，再沉痛的往事都只不过是绣在门上的线条。

我看不到现实，看不见世界，我只是专心地复现昔日光景。我写的不是开门可见的西湖，而是回忆里的杭州。这么一来，我就和那曾经伤害我的真实保持了一段安全的距离，将它们精心构作成文字的艺术。"诗的祀礼把世界中特殊的东西还原为象征和复现的样式，凭借它，我们能够感受到在回忆中认识到的失落的意义。这种艺术把现实和突如其来的痛苦关在门外，然后一遍一遍又一遍地把这种痛苦涂绘在门上。"

杭州绣户（二）

十月十七日

杭州总是旧时好。明明知道地方政府近年花了不少钱，拓宽湖面，恢复了明代规模；又置素木步道，沿杨公堤穿绕水榭之间，颇有情致。但是，我始终想念那年初访孤山，满地红叶的萧瑟。如今全球暖化，时过中秋，西湖沿岸仍是一片盛暑景象；更别提清洁工人的勤快，每有落叶即刻消失。

自古以来，从没有人说过杭州今天要比以前美的。陈眉公尝言："西湖有名山，无处士；有古刹，无高僧；有红粉，无佳人；有花朝，无月夕。"那些处士高僧都往哪里去了呢？自然都还留在过去。于是杭州身为一座记忆之城的本质就更是明显了。重临的游客都觉得初访杭州的记忆是最美的；第一次来的就算觉得西湖醉人，仍不免有憾，因为看不到前人笔下的那个老西湖。久而久之，杭州在大家的遗憾和追忆里甚至发展出一套回忆它的固定模式，一种重复又重复的叙述方法。

当我们引用这些几成滥调的修辞和典故去写杭州去写自己的回忆，我们个人的感受就消融在那些重写了千百次的花纹之间了。这就是宇文所安所说的"绣户"了，绢门上的牡丹和杜鹃都是不断重现的款式，基本上没有什么新意可言。"特殊的关联和属于个人的回忆，几乎完全消失在典故和常用的比喻里，消失在类型化和普遍化的说法中。"例如"登高望远"就是这么一种陈腔，"远眺者放眼天外，看到的只是一片绿色的植被，这表示他看不到所要看的地方，见不到所要见的人"。

使用这些固定的模式表达自己的痛苦回忆，若还要同时传达出一份属己的新意，就不能不和自己的伤口保持距离，修炼出一种惊人的自制能力。因此游杭州写西湖，我们追忆，并且自疗，这座记忆之城同时也是使一切记忆失温的圣地。

寻梦

十月十八日

"余生不辰,阔别西湖二十八载,然西湖无日不入吾梦中,而梦中之西湖,实未尝一日别余也。前甲午、丁酉两至西湖,如涌金门商氏之楼外楼,祁氏之偶居,钱氏、余氏之别墅,及余家之寄园,一带湖庄,仅存瓦砾,则是余梦中所有者,反为西湖所无。及至断桥一望,凡昔日之弱柳夭桃、歌楼舞榭,如洪水淹没,百不存一矣。余及急急走避,谓余为西湖而来,今所见若此,反不如保我梦中之西湖尚得安全无恙也。"

临离开杭州的那个晚上,我在心中预演我们的重逢。他曾经说过,要是能一起外游,那该有多好。果然,我们的机会来了,尽管情况和我们原初以为的完全不同。我们同机,但是恍如陌路。就算坐在邻座,我也只会客气地对他说:"你要喝水吗?"或者"对不起,我想上洗手间,能不能借一下?"如果这就是我的想象,那么真实的情形还能坏到什么地步呢?洪水淹没,百不存一?

张岱写《陶庵梦忆》的时候,到底是什么心情?我连想都不敢去想。为了让自己好受一点,我故意在网上找来一些谈它的文章,典型的现代八股,例如:"读一册书,兼游西湖。走走停停,短歌微吟。找寻着一个梦境里最完美的皈依,同时也在行走吟哦里返还到最本原的自己。"又有人说:"今晚的月光特别清,这时候煮一壶茶,展卷细读,我的心仿佛也溶进那几百年前的杭州去了,多么典雅优美,令人神往啊!"

我几近自虐地看着这样的文字,就是想摧毁记忆里的张岱,好让自己一想起杭州一想起他的书就不住恶心。对待即将重逢的他,我也是这样,反复细看一切关于他的无尽谄媚。到时候我一定会很自在很舒服。

新城

十月十九日

直到15世纪,拜占庭帝国的最后岁月,土耳其商旅在乡郊问路,种地的农民仍然一抬头随手就指:"is tin polin。"(城就在那边)

于是你来到了伊斯坦布尔,"就在那边的城"。没有人会以为你问的是另一座城,世上只有一座城市:伊斯坦布尔。何等骄傲的一个名字,城就在那边。

尽管连绵的城墙高达十五米,但若由海路而来,在博斯普鲁斯海域蒸腾的水汽中遥遥观察,你会讶异这些城墙竟是如此矮小。因为城墙后就是无数的高耸塔楼与宽大的元老院和铺满白色大理石的柱廊。当然，还有圣索菲亚大教堂，人世智慧极致之所在。世界上有无数的城市都曾被人喻为"光明之城"，但是帝国的属民都会告诉你，唯独伊斯坦布尔是真正的光明之城、众城之母。

他们如此热爱帝国的首都，乃至于为它创作了一个母亲的形象，让她雍容地端坐在铜币的中央。这枚铜币，曾经通行于两个大陆，西起伊比利亚半岛，东至幼发拉底河。那是东罗马帝国的全盛时期，大家都知道在用来购买橄榄的这块铜币上，有那位母亲的祝福。

有意思的是，这座古城却始终是新的，就算城门上的砖瓦已经老旧得再也经受不起土耳其骑兵的最后一击，他们仍然以为这是座新城。

那是因为有一座更老的城市：罗马。当公元330年5月11日君士坦丁大帝决定启用这座新都的时候，它一切建设的蓝本都来自罗马。罗马有元老院，所以它有；罗马有广场，所以它也有。他甚至按照罗马的规模，把全城分成十四个行政区。

可是罗马还有七座山丘跟台伯河呀。于是他们艰难地在马尔马拉海边的山坡上指认出六座小丘，再从南边找一块微微凸起的地面权充第七座。至于台伯河的翻版，姑且就以里寇斯小溪凑数吧。

所以这座唯一的城市永远都是另一座城市的样本。新帝国的新首都，是一个覆灭帝国的记忆。

古代

十月二十二日

整座伊斯坦布尔是建立在回忆之上的。

君士坦丁大帝在建城之初就树立了一根擎天巨柱，作为他的帝国标志，以及胜利的勋章。这根柱子就是这座新罗马的轴心；广场、元老院、竞技场和居住区域，以及广大的围墙，全都围绕着它——浮现，在博斯普鲁斯海滨。

可是在这根于阳光下白得刺眼，柱顶铜像镶上了纯金冠饰的辉煌巨柱的地基，却埋藏了刻有古巴比伦王国法典的泥版，亚述战车队指挥官的马鞭，当然还有罗马夙敌波斯人的稀世玉石。也就是说，当君士坦丁大帝以无比魄力去开拓一个新帝国以恢复老帝国威名之时,当他要用一座崭新的首都去纪念日渐衰颓的罗马之时,他其实还有更遥远辽阔的宏愿。他希望这个城市是古代一切伟大都城的灵魂归宿,正如他的帝国也会是过往所有伟大王国的继承一样。

因此,伊斯坦布尔从一开始就是极端的吊诡;它是新的,但这个新是相对于老而言的;它是老的,但这老之存留却有赖于它的新颖。

由于伊斯坦布尔坐落在黑海出口,博斯普鲁斯海峡的两岸,横跨欧亚两大洲,所以常被人描述为"东西汇合"之地。

其实,与其说它乃东西交汇的枢纽,倒不如说它是两个时代的联系。它把我们连上了那个已为今人淡忘以至于完全陌生的年代,在那个年代,根本还没有明确的东西区分,整片小亚细亚都是希腊城邦的势力范围,安堤阿与大马士革是比罗马还重要的基督信仰中心。伊斯坦布尔并非诞生于那个年代的城市,但它是这个年代留下的泪珠。

废墟的冷漠

十月二十三日

"活在废墟里",这是帕慕克(Orhan Pamuk)对伊斯坦布尔的判断。到底这里曾经是两个帝国的首都,拜占庭与奥斯曼帝国的中心,而它们都早已瓦解湮灭在时间的沙暴中了。

可是,难道维也纳不也是帝都吗?伦敦和北京呢?为什么它们又不像废墟?帕慕克的解释初看起来并没有超出我们的猜想太多,那就是土耳其比较穷,没有钱去修葺那些"帕夏"(Pasha,土耳其帝国的高级官僚)的沿海别墅,甚至任由苏丹情人的坟墓倾圮。于是一个宰相的宅邸可以变成贫民聚居的杂院,学校球场旁的巨石是昔日碉堡的残余,这就是"活在废墟里"了。相比之下,巴黎和罗马的市民就像长住博物馆的游客与管理员。

但更重要的却是一种心态，因长久与历史遗迹共存而产生的漠然，既然帝国的残肢无处不在，又何待我们保存？又如何可能保存？

这还是种洞穿历史的冷漠，了解万岁的帝王终究是血肉之躯，高耸的呼礼塔终究有倒塌的一天，而人间所有的祝福也必将落空。

帕慕克在回忆录《伊斯坦布尔》里想起他那见多识广、诞生于帝国末日的祖母。她每回见到帕慕克，都会对他说："我的孙子奥罕来访。他很聪明，很乖巧。他在大学读建筑。我给了他十里拉。愿神赐福，有一天他会功成名就，让帕慕克的家族名声再度受到尊重，如同他祖父在世的时候。"

然后帕慕克写道："念完之后，她透过眼镜盯看着我，白内障的眼睛看起来更令人生畏，然后冲我冷淡而嘲弄地一笑，使我怀疑她是否在嘲笑自己，还是因为如今她已明白生命的荒唐，而我也竭力做出相同的笑容。"

废墟不在别处

十月二十四日

"忧伤"（huzhun，中译本译为"呼愁"，好一个文艺腔翻译。我不用），是帕慕克《伊斯坦布尔》的核心，本为伊斯兰教用来描述灵性失落的传统概念，他借来捕捉伊斯坦布尔的集体忧愁。这种特殊的"忧伤"满城无处不在，而且为人接受为人承担。它来自帝国的失败，但伊斯坦布尔人拥抱这失败。他们活在废墟里，并且无怨，有的只是来自历史穷追不舍的"忧伤"。

帕慕克也比较了不同城市的居民如何为外人指路。先看陀思妥耶夫斯基笔下骄傲的日内瓦人："日内瓦人相当以他们的历史名城为荣，甚至在被问到哪条路最容易走时会这么说：'顺着这条街直走，先生，经过那座典雅华丽的青铜喷泉时……'"

至于伊斯坦布尔人则是:"路过易卜拉欣大人的澡堂故址,再往前走,在你右手边,隔着你刚刚经过的旧址眺望过去,会看见一间破房子……"

但是帕慕克大概没想到,在我们读者眼中伊斯坦布尔可以是一个隐喻,它的"忧伤"是一种观看世界的方法,也是一种存活的态度。在此种态度的阴影笼罩底下,世界无处不废墟。

公路剥落的柏油块;车站站牌上因日晒而渐渐褪色的模糊的数字;正在垃圾站收集废物的老妇,使劲地一个个踩扁仍有残余液体的铝罐;夜里卡拉OK临街的霓虹灯管兀自闪耀,但是那招牌上有一横和一竖因为失修而喑哑,你以为你看到的其实是"下拉OK";在潮湿的天气里,巷子深处传出霉烂的气味;新近建成的办公楼群在凌晨三点的时候,只剩下几室露出惨白的灯光。

然后我又看到了他,迟早也会被岁月折磨得变形走样,现在化上淡妆正接受众人的赞美。他为什么青春如昔,仿佛时间侵蚀的力量至他为止?我明白了,原来废墟不在别处,衰老的只是我自己。

垂钓

十月二十五日

博斯普鲁斯海是伊斯坦布尔的灵魂，由于这个城市是忧伤的，所以这片割开了城市的水域当然更是忧伤的。我想任何一个到过这座城市的人，都能轻易发现博斯普鲁斯海的深与暗。

你应如何测量它的深度呢？帕慕克介绍过一位伊斯坦布尔作家科丘（Resat Ekren Kokiu），他深知并且着迷于这座城市的忧伤，乃至于为它撰写了一部由A开始以字母排序的《伊斯坦布尔百科全书》（尽管从1944年开始写到1973年，完成了十一卷，但他只能写到字母G）。科丘曾自述他陷溺的经过："在我游手好闲的童年时代，我就像系在鱼钩上的铅块，在我们博斯普鲁斯海滨贵族别墅对面码头的海水中出出入入，好似一条鳞鱼。"

我想起自己的城市，也有一片赋予它灵魂的水域。码头边每天都有几个男女悠闲垂钓。天气好的时候，阳光和煦，海风清爽，坐在这里钓鱼应该是舒服的。我曾问过："这码头钓上来的鱼能吃吗？"

一个日子看来过得很清闲的中年人告诉我："别看船多就以为这里有油污，钓上来的鱼可干净啦，回去煮汤煮粥一试便知，鲜美得很。"

就在这个码头，我曾等待他，因为我知道他偶尔会站在这里观看日落。当然，我什么也没等到。

朋友问我，如果我有机会再和他说话，我会说些什么。如果再有机会？我宁愿自己是鱼钩上的铅块，沉入水底，钓回失落在深海的最初辰光。然而我的这座城市不是伊斯坦布尔，它的灵魂里没有忧伤，在这广阔而几乎无垢的蔚蓝海水之中，我只能钓到自己的孤独。

无法承受

十月二十六日

一座城市如果衰落,是因为它的形式和内容之间的差距。假如内容大于形式,城市会过分臃肿膨胀而溃裂;要是形式大于内容,它会因为缺乏支撑而逐渐崩塌。伊斯坦布尔的最后凋零,就是由于它不再具有一座帝都的内容。苏丹流亡,圣灵不在,宫殿与寺庙就算有再多的游客填充也无济于事。

人间的一切情感岂不也是如此?形式和内容的调整与挣扎。

听说他有东西要给我。我以为那只是更明确的宣告,比如所有我送给他的东西。所以在北方寒冷的夜里,我站在路边多喝了一瓶烧酒，预备迎向我早已料知的命运。但是我想不到等着我的竟是一份手信，仿佛远古的诺言。我关了灯，在房里凝视这个放在床上的纸袋，猜测它那晦暗如萤火的光芒奥义，良久良久。终于忍不住要找他，但是一切可以接触他的方法都已被我亲手删除了。夜已深，我只好厚着脸皮辗转得到我要的东西。那是一组本来已没有任何意义的数字序列，但是当朋友一一隔着电话读出的时候，它们又拼装还原成了一个完整的名字，犹如诅咒的真名。

最后，我还是夺门而去，走进更深更暗更冷的街道，并且回想在这段日子里面，一株幼苗如何因为长久的隔绝与放逐旷野而渐渐长成巨兽。清醒的时候它是我思考的符号，疲乏的时候它则以梦的形状出现。完全依赖我的血肉维生，长得比我这个寄主还大，这兽。

其巨大的程度，不只我未曾见过，甚至超出了任何我所能想象的关系所能承载的限度。这个纸袋就像我们的关系，本该脆弱单薄，它要如何安置这头巨兽呢？我只怕，只要再和他说一句话都足以令我这上帝也不眷顾的城市瞬间崩溃。

曙光之下，回到房间，我只知道这条路没有尽头。

回归

十月二十七日

快二十年了,我才回到自己的起点。楼下依然有孩子在打球,祈祷室里依然有人在默想。而他,我的师傅,依然瘦削,只是棕发换了一头白发。看见是我,他有点惊讶,但是很快又恢复了平和的神态———一种因长年苦修与无私奉献而历练出来的淡定,我永远都不可企及。他点着烟斗,微笑问我:"你想回来吗?"

(二十年前,我就像所有以为自己已经长大的孩子,在强烈的自信与最极端的怀疑之间摆荡,最狂妄的诳语、最奇幻的想象占据了我每一天的时间。)所谓的静修,在这种情况底下真就只是所谓的静修罢了。终于有一天,我忍不住去找师傅,告诉他:"我失去了,或者应该说失去与不失去都无所谓了。我觉得神的存在,超越境界的力量以及一切精神的操练都已与我无关。"

当时师傅的反应很平淡,他收下了我还给他的书,还记得有一本解放神学,一本《约伯传》释义。然后他笑一笑:"没关系,很多人到这时候都会如此。你就出去逛逛吧,或许有一天,几十年后,你还会回来。"

这一逛,我逛了二十年,但是我不敢肯定自己是否算是"回来"。"师傅,我累了,我走了太多歪路,犯了太多的罪。而且在这二十年间我没有办过一次告解,没有一点忏悔。"他看着我,沉默了一会儿,又笑起来:"我们都在犯错。我一直留意你做的事,很好,很有意义。"

我做过的事?但那都不是真的。真正的我为诱惑所苦,贪情逐欲,一片荒芜,寸草不生。我犯了骄傲的罪,我犯了贪婪的罪,我犯了迷色的罪,我犯了愤怒的罪,我犯了嫉妒的罪,我犯了贪饕的罪,我犯了懒惰的罪……尤其"迷色",因过分爱慕一个人乃至于侵犯贬低了更大的爱。

"师傅,我想和你读书,请引导我。我想重读圣奥古斯丁《忏悔录》。"二十多年前我看的第一本哲学书。"好,我们就读《忏悔录》。"

启示
十月二十八日

告别师傅，我知道自己还没有准备好，应该先回家自己读书。在此之前，我又打算逐一重游少年时代曾经寄住之所。

于是我转了两程的小船，回到了这个世外的码头，沿路上山。当年第一次到这里的时候是冬天的傍晚，四处无灯，太阳正迅速隐没，昏暗的树林里有归鸦啼鸣，我愈走愈急，很快就迷失了方向。天全黑了，还有几头野犬吠叫紧跟，心里不能不慌。大概绕了两个小时，我才回到正确的方向，朝山头疾走。再过十五分钟，我看见一个老人站在山路的彼处，于漆黑中散发黄色的光晕，那是他手上提的灯。

他知道最后一班渡艇早已开走,怕我迷路,于是站在这里等了两个小时。他担心,但又不是太着急,似乎觉得我一定来得了。"因为这里只有一条路。"

然后他回过身去,以沉静缓慢的步伐抚慰我引导我。我刚刚几乎奔跑了一个多小时,心跳极快,满身湿透;这时却要配合他的速度,跟在他后面一步一步慢慢登高。渐渐地我融入了老人的节奏,地上只见灯光照出了两条身影,无声前行,静得连两旁虫鸟的声音都听不见了。

第二天早上,我才在平和的日光下看清周围山岭与树林的轮廓。南方冬日,树木依然苍郁,林中依然有动物移动所发出的声响。突然之间,我看到了它,一只全身纯白冠顶鲜黄的金刚鹦鹉,如此巨大,如此纯洁,正展开双翅拖着长长的尾巴在树顶滑翔。我从来没见过有鸟飞得这么慢,一时间整个世界似乎静止了,就像放慢了的电影,它缓缓穿过空间中隐形的格子。一只巨大的白色的金刚鹦鹉正在苍绿的树林中飞行,不可思议的宁静,不可思议的优美。

我一直认为,这是个启示。世界的真相在这一刻为我展开。

希望

十月二十九日

　　我搭第一班小艇离开,如今所有渡轮都变成了密闭空调的快船,我很高兴这艘小艇还是二十年前那个样子,透风、缓慢,"哒哒哒"地在海上摆荡前进。

　　"今晚又要碰见他了。"我手里揣着他送给我的礼物,想起他曾对我说:"我还要你带我去在海那一边的半岛。"那个地方与我刚才离开的岛屿截然不同,每逢假日,街上都是众多的游客,热闹得像个墟市。

　　其实我要带他去的地方在半岛更远僻的一个角落,那里是个静

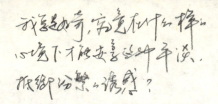

静的小渔村，岸边总有几头黄狗睡觉；没有客人的时候，店家的伙计就听着收音机乘凉剥花生，看潮水涨退。

进出此地，你可以搭我正坐着的这种小渡船，也可以多花点钱雇一名渔夫开着快艇，急箭般地划过水面。坐渔家快艇是很好玩的，前后左右全无屏蔽，手一伸就能拍到海面的波浪，伸出舌头就能舔到空气中的咸味。

这才是我想带他去的地方，结果我们当然没有去成。我能期望总有一天，总有一天我会和他坐上快艇，登岸的时候扶着他的手臂，在小道上与刚出生没多久的小狗戏耍，再到浮于水面的渔排选择一条可怜的活鱼做午餐吗？问题已经不是该等多久，而是可以期盼多久，希望和等待是两回事。我不等待，我只盼望。对一个自许的知识分子而言，"希望"是最残酷的笑话。可笑是因为其实我们心中都有数，这个世界不会变得更好；残酷是因为我们却仍然紧抱不放，以为世界真能变得更好，起码在我身后。

那么，或许在我死了之后，我会和他去那个遥远的半岛，看他蹲下来用自己的头发逗弄可爱的小黄狗。这就是希望的本质。

演出

十月三十一日

离开沉默岛屿的时候,我一边翻阅拉丁文和英文对照的《忏悔录》,一边想起往昔种种,例如还在剧场的那段日子。

前两天,老友来访,说起他的新作,极有意思。原来上次和他合作已是十年前的事了。那时候的日子过得清闲,我可以在写剧本的阶段就开始与他推敲某句台词的长短;直到演出结束,再和全体演员检讨大家学到了些什么。可是今天,我竟连走进剧场看一出戏的时间都没有了。

老友问我:"这回如何?一起来玩吧,如果有空,毕竟你很久没创作了。"事实上，我有太多的东西要说。一幕又一幕的表演在我的脑海里反复上演，我研究一段声响出现的时机，一盏射灯的亮度是否合宜。我有太多太多的东西要说，就以那条他送给我的手帕来讲，我能够为它排出一部五小时长的不分幕舞蹈剧场，能够为它写出一整部讨论人与对象之私密回忆的论著，能够为它谱一首短小但是低回动人的曲子。我觉得自己接下来的整个人生可以是一出无尽的表演，主题就是他的人生。我像一管万花镜，在他毫不知情的情况下，把他的任何一句话，任何一个细微的小动作，扭转演绎成华丽奇幻的镜像。我的创作就是我的全部，而我的创作就是为了记录与诠释另一个人的存活……

突然一阵浪头，小艇剧烈抖动，我从幻想中惊醒，一身冷汗，乃抬头看天。日正当空，天上大风，一幕奇诡且圣洁的景象出现了：那些云正迅速奔走，但是不管它们经过哪里，不知道为什么，每一朵云就是恰到好处地出现在它们应该出现的地方，没有一丝差错。然后我发现原来自己坐着的这艘小船也正好处在它最正确的位置，我方才所想也完全适宜它合该浮现的时机。

"万事万物无非一场演出，你们都是宇宙之弦的颤动，每一粒音符都是为了赞颂他而存在。"

梦的反复

十一月一日

同一个梦,我一晚做了三次。

那是一条寂静的街道,清冷得像是霍珀画的城市夜景。可是有家热闹的酒馆,蒸腾的热气模糊了临街的玻璃窗,又见窗内灯光温暖,有人影浮动。每次有人告退开门,喧哗的声音就会在那一刻流出,短暂地湿润无人长街,然后复归宁静。

我就站在街上,看着这家酒馆。我不敢走进去,因为他还在里面。我知道在这种情况下遇见他,我的一切反应都是经过克制与压抑的,因此难免虚伪。他呢?或许就是尴尬吧。

为了获得解放而上山,我以为自己起码可以变得比较平静。但是才刚刚回到门,一切又回复旧观了。难道我真放弃所有,彻底割舍?

我曾屡屡告诫自己,无论发生什么事情,都不应该再接触这个人。不要把自己的困惑带到他平和向上的人生,他既不希望再受到骚扰,就让他好好地过他自己的小日子,我则继续擦拭自己的镜子,默存他的影像。这样就好。

可是,我还是管不住自己,做出了终究徒然的举动。这又何苦?我后悔,并且反复质问自己。

说回那个梦。夜已深,我仍然站在街角。终于,到了酒馆打烊的时候,人群尽兴地一拥而出。其中有他,就这么与我擦身而过(视而不见),然后消失在下一个街口右转的地方。灯灭,四周黑暗,而我还在等待。

本来就是一场梦,梦里的自己说不定真的只是个不透明的存在,所以他才可以接近到一个几乎穿透我的地步,却仍然没有任何表示。

夜里我起床两次,复又睡去,所以同一场梦反复了三次。难道我以为这场梦的结局会因此改变吗?没有,即使是梦,也没有留给我一点机会。

深度

十一月二日

　　法国导演吕克·贝松（Luc Besson）的成名作也是他最好的一部作品，《碧海蓝天》（*The Big Blue*）。片里的深海潜水高手对海洋有一份深沉的感应，他就像海豚，是头属于海水的哺乳类动物。终于在他人生最后的一场比赛里，他下去了，没有回到水面。受不住海水深处的诱惑，他一直一直下潜，消失。

　　上个世纪的80年代末，这部电影引发的后果好比当年歌德《少年维特的烦恼》，让许多少年跟随自杀。他们学习电影里的主角，爱上了大海那不可测的深度，自绝于有光有声的水面世界，不再回头……

我第一次读现代语言学经典《我们赖以生存的譬喻》(Metaphors We Live By) 是十几年前念大学时的事，当时印象最深的是其中谈到"上下"这组空间方位譬喻如何结构了人类的思维方式与文化传统。考试分数好，叫做"考分上扬"，反之则是"分数下降"；心情好是"高涨"，反过来是"低落"；天堂总在"上头"，往地狱一定是要"下去"的。上下高低，不只是一组空间方位的说法，还是包含了价值意蕴的隐喻。

为什么在上的一定是好的，在下的一定是坏的呢？作者没有说明，只知这几乎是所有文化的通则。莫非人类真曾在巴别塔崩之前体会过由上坠落的过程，深知上界喜乐与下降凡俗的苦痛？

当我们形容爱恋的厚度时，我们总是说"爱得有多深"，而非"爱得有多高"。可见在吾人意识根处，爱恋的本质是角落的，沉沦的，甚至邪恶的。的确，我们会情欲"高涨"，我们的心情也会因兴奋而"高扬"；但这都只不过是深情的愉悦诱惑，一如偷窃与麻药的一时快感。爱，终究是深沉可怖的。

我每日测量自己对他的爱欲深度，就像下潜海沟，不见天日，不知何处方为尽头。深得令自己恐惧。

我的病历

杂稿拾遗

病变是最与自身血肉相连,却也最不属己的异物。

听取医生的诊断,是每个人必须经历的一次学习。学习对自己感到陌生。电视里常有气急败坏的末期癌症病人向医生大吼:"你能不能干干脆脆、清清楚楚地告诉我……"他们总不明白,疾病是以陌生文字写在肉体上的铭刻。

好些动人的疾病文学,像西西,或苏珊·桑塔格,对我而言,无非是面临生命最后光景时,对那巨大沉默领域的翻译(尽管她们宣称要还疾病一个本来面目)。

在这个意义下,疾病作为生命的终结者,其实包括了两个层面的意思。它当然摧毁了自然生命,也标志着半生经营下来的意义和文字之片断流失。

祖母垂危之时，我警觉到"病也有它自己的历史"这回事。医生在巡每张病床前，根据床前一块记事板，推断病人目前的病况。有时也向亲属探问病者过去患病的情形，以及家族的谱系。

病有它自己的时间、自己的疆域，像一个个国家，在人体上展开它们的统治。病历是一幅历史地图。

医学和它的体制向我们陈示，那种种的专技语言，在我们身上拥有主权，世代相承。正如我们是祖先的血裔；我们的分裂，我与自我并不明了的那一部分的斗争，是在我出生以前就被注定的。

皮肤敏感

几乎是见证我一生的疾病。我一直相信是摸过蜈蚣之后，才感染上这种令我会在半夜因痕痒而跳起、抓得皮破血流的顽症。

它渐渐地终止了我幼时那残忍嗜血的兴趣。因为当时只要一触摸海水、植物、爬虫和各类昆虫，我的手掌背面、四肢关节就会长满可怖的颗粒和水泡。此前，我大量制作昆虫标本。以铁丝贯穿蛙身成一十字架。搜集各类小生物和它们的天敌，把它们关闭起来等待次晨出现的场面。用石块砸碎蛇头，挥舞蛇身，鲜血向四处洒落。掘出犬尸，试图炮制标本……

我相信那是天谴。说起来，第一头死在我手中的动物是一只猫，那时我才四岁。

令人意外。我越大就越喜爱各种生物，到现在，我担心自己会踩死一只蚂蚁。这是无意的转变，却积下了恩德。皮肤敏感已渐渐离开我的身体，现时每年只发作十多日而已。

皮肤敏感是季节性的，在重大的天气变换下（尤其是滞闷梅雨天来临的前夕）出现。发病的时候，好些海鲜、水果是吃不得的。它是"我"与这自然世界的直接桥梁。

内伤与支气管炎

基本上，在中学三年级的时候，我已经不太有打架的需要。但有一趟，一群中学二年级的混蛋对我太不尊重。我在放学钟响不久后，就赶到教室门口截住他们。混战中，我疏忽大意露出破绽，被人一拳击中胸口。那一击令我几乎喘不过气，现在已成为风湿痛的区域。但打伤我的那人，也被我的反射动作打中，歪了鼻梁。鼻梁没歪，唇边没有明显伤痕，是我多年来引以为傲的。不过，我怀疑自己因此患有内伤。

直至回到香港以前，我的喉咙都不算好。最常有的情况是声线沙哑，逐渐发展成咳嗽竟日。有时，几乎两片肺叶都同时震动，随着深入的咳声破裂。

音量大，说话慷慨激昂是我的特色之一。小学的时候，我因此获选为每早升旗典礼的司仪。随后的各种辩论、演讲和朗诵比赛中，我凭这本钱也拿下不少分数。到了中学，由于操行问题，我在司仪遴选的最后关头被踢出局。但没什么好可惜的，因为我已有另一个途径表现自己。在一群男孩中，声音有助于领导地位的取得。打架的时候，我总能在对手叫骂时保持沉默，直至出拳的一刻才大喝一声："干你娘！"我自觉这是很吓人的。

转捩点在临返港之前，又一次喉部损伤引致支气管炎。经过一个月的痛苦，我开始学习较为温柔地说话。现在，我仍在一点点地尝试、变化。

静脉曲张

我唯一的手术经验，是放去阴囊内曲张静脉的血液，和某程度的血管切除及结扎。

最初，我以为是小肠疝气。看到那拖长胀大的左阴囊，我并不太担心，直至感到行动不太方便。后来医生告诉我，通常是产妇的双脚和男人的肛门才会出现这种症状（肛门的静脉曲张就是著名的痔疮）。他认为即使没有大碍，也最好切除掉那些肿胀的静脉血管，因为我的生育能力或许会受影响。

这么罕有的例子发生在我身上，实在有点了不起的感觉。生殖力吗，我不觉得算什么。男子中学一年级生的性幻想里，我试图以自己未有阴毛去说服女老师和我发生关系。在没有传染病的世界里，不育实在美好。

可是大家都知道，在印象中生殖力与性能力是紧密邻接的两个范畴。男人对不育的恐慌多少连带着性方面的阴影。"不行"是一个语带双关的暗示。

或许没有人会相信，可是我真的不怕丧失性能力。对于控制欲望，我非常在行。想进入天主教会担任司铎的想法，一直萦绕着我。我的意见是，即使不做神父，哲学家或要干大事的人也应该禁欲的。事实上,我的病因之一或许就是花了太长时间在跪着祈祷和冥想上面。

手术后,住院期间有很多朋友来探望我。我愉快地与他们的邻床交谈,亲吻过两个带着善意看我的女孩子。其他时候我读卡夫卡,看完我能找到的所有他的作品,对他的第一个印象是那么好,那么欢快,洁白几至于透明。出院之后,我第一次相信自己的容貌可以不必猥琐、凶狠;或者令人以为我喜好沉思那么两极。可是我的伤口仍有些疼痛,所以不能参加彭锦耀的舞蹈课程,只能去陈炳钊的戏剧班。不久之后,在朋友的鼓励下,我开始投稿,把我的静脉接到报纸的文化版上。而我自己却是那么干净。

精神紧张

高三毕业之后,我考不上大学,停学一年。那一年里,我会靠在地铁站栏杆边喘气,直冒冷汗,呼吸困难。好几次我以为自己会死在路上。

第一次的事故发生在1989年高考世界历史科的考场。突然的胃抽筋令我不能继续持笔,场上监考不大关心我的情况,也没有提出什么特别措施。我只有挨到火车站,想搭乘火车去旺角会合我的朋友。该日五四,学界有一趟游行。我却蹲在车站的男厕里,无法把握自己的状态,不能判断该呕吐还是透过直肠泄出不快。我只好站在一格便坑打起气功,以助自己平静下来,别人都把我当作疯子。额上冰凉,整件上衣却已被汗湿透,我知道得立刻赶去医院,所以叫了辆的士。

在威尔斯亲王医院的急诊室等候了半小时,我暗忖自己会在那排长凳上完蛋，撞向右边那位女士。结果没事，因为家人到了之后，循例先把我臭骂一顿，我整个人瞬即平稳下来，一起讨论事件的前因后果。可怜我的女朋友还在旺角等我，等了两小时，那时我们都还不知道未来一年会是那么难受。

后来，我几乎每个星期都去看医生。他们最初的诊断是胃抽筋，后来就只给我一些维生素丸，骗我那是有用的好药。我完全明白自己的病是疑病症，我也知道自己的精神压力太大。但是在戏院内我会无法呼吸，半夜会突然从床上直板板地坐起，甚至走着走着可以无力得几要跪倒地上。这些感觉那么真实，令我醒悟到我不能再靠西医西药，我给自己发明了一种药，就是一种运动饮料"宝矿力"。在那一整年中，我每发现自己身体不适，就喝宝矿力，它简直是领受了魔法的巫药，药到病除。

或许因为身体，在所谓的文化圈中又算是新人（虽已写了一年多两年的稿，但真正加入群体活动还是不久之前的事），那一年里，我很没有自信心。记得在客串一个演出时，我需要脱剩内裤演出。开场前半小时，我急急跑到厕所内换上一条新的。还好我有许多朋友（虽然很少见面），他们实在是仁慈的人，扶了我一把。

有一回，其中一位找我不晓得干什么，被家母截下电话。她似乎不太客气地叫他不要再找我，因为我要准备入大学的考试。他当晚和我的父母讨论了半小时，三个大学毕业生为了我的前途，辩论大学的重要性和其本质，令我尴尬。但是我很感激，他实在是一个好朋友。我想，我不该常说他的坏话。

1989年，我参加了一个实验剧场的演出。其实是段美好的日子（对我而言，世界似乎是新的），我在晕眩、冷汗和兴奋中度过窝在黑暗小剧场的每一天。第二次百万人游行当晚，我要回去排戏，既然下午有空也就到中环走一遭。事后我写过一篇文章，试图理性地解释为何我在游行中途离开。当然群众运动的本质，突然具体地树立眼前，是使我很紧张、难受，不得不走。但如果不是本来底子就差，那一天我又会不会那么不舒服？那一年来的虚弱对我的政治表现起了什么作用？这是我到现在仍无法解释的。只记得那一天，走到现在的利宝大厦前一条街时，我就按着其他人的肩膀，离开人群，扶着栏杆和路障走下地铁站。

尿道拉伤

到底，我算不算有女人缘呢？这真是一个令人紧张的问题。许多相士、算命的认定我有桃花运，不错，可惜我不信玄。事实上，桃花运的所谓"桃花"并不一定像我们想象的那回事，通常它指人缘好，这我就不敢不认了。众多我看过的算命师中最准的一个，杨大师，断言：一、我不得在三十岁前结婚，否则会有四个太太，前三个死光，最后一个伴我终老。二、我的老婆要不比我年长三四岁，就是比我小四五岁。

所以，我对比我年长或年幼三、四至五岁的女人很感兴趣。我喜欢那种很活泼，喜欢笑，通常被指认为"男仔头"的女孩。在"阳性"的外表下，我以为她们是最妩媚的。且若比我大又或比我小到某种程度，我就会更加注意，至少要和她们做朋友吧。目前我打算要和她结婚的女孩，就是这种类型。只是她的年龄未符合命理大师的要求，若遇见合格者，我会介绍给大师鉴定。

有趣的是，自小学以后，我的容貌就可以"每况愈下"来形容。有一段日子，我很为自己难看的外表伤感。所以当时我对自己的头发采取放任态度，配合顶下的五官分布，算是一种自我戕害式的毁容。我认为这是自己无法成功发展某些恋情的绊脚石，看相佬真的懂"看相"吗？然而，上主总会成全他忠实的仆人，年岁渐长，自信心也逐渐增加，原来巨石也不外一粒细沙。去年看到福柯的传记，原来他在三十多四十的年纪，还在为自己"不够美丽"而难过。四年前，又有人以电脑紫薇斗数替我排了一个命盘，指出我的肾脏和泌尿系统会出毛病，原因是我"与异性有缘，纵欲过度"。果然在三年前，我在小便中发现一两滴血液。虽然后来再也无法在尿液中见到血滴，可是在使用过的避孕套中，我见到一些淤血丝块。我的伴侣和我都很担心，这时我已真正关心性方面的问题，但我更害怕自己的前列腺出事。

检查过后，方知是虚惊一场。原来只是尿道拉伤，可能是操劳过度或暴烈使用的结果。医生婉转地嘱咐我"尽量停止"勃起一段时间。唉，做人还真难。

内耳不平衡

大约在高三的时候，我写过一篇小说，《我的左倾》。第一人称的叙述者有一种奇怪的体验，他总觉得自己工作的桌面向左微倾二三度左右。这算不了什么很厉害的倾斜，但因竟日坐在桌前，这个幻觉似的感应越来越实在，而且由台面扩散到整个房间了。换句话说，他只要一踏入那个房间，就会感到世界整个地向左倾斜两三度。

在那篇小说里,我把我亲身的体验提出来探讨。当时我还在构想另一个剧场作品,必须全室(包括舞台观众席)倾斜,不必太多,两三度就好。随着时间的进展,希望会造成愈发强烈的感觉,在观众步出剧场门口时达到高峰,因为他们突然要调整自己对空间感觉上的误差。

三数月前的一个晚上,我站在家中书柜前面看书,整个人像触电似的,突然天旋地转地往左面晕倒,幸好我抓住书柜板缘。状况持续一周,我终于去看医生。结果和我料想的一样,是"耳水"(内耳)不平衡。

虽然没有明显的证据支持我的想法,但是我把当年的奇妙经验想象为"某种"内耳不平衡,或多或少会与最近这一次病症有血缘关系吧。

后记:左脚扭伤

有一种哲学,我称之为欲望哲学,因为它服膺于欲望的逻辑。阿多诺、马尔库塞、福柯、巴塔耶与德勒兹都是欲望哲学家。但我以为尼采和黑格尔才是欲望逻辑之发展巅峰。权力意志和绝对精神是两位一元论者图谋世界的最大欲望表现。根据我毫不严整的印象,最纵欲的还是黑格尔,因为他的样子看来比较冷静,这要比冒着狂热眼神的尼采狠多了。

信服欲望哲学的人同时相信自己、相信血统、相信天赋,他们命定是贵族。正如荷马史诗的世界,一个"好"人可以在一夜之间因为家产倾尽而成为"坏"人;我们也不要和丧失信念与能力的人做朋友。记得大约在两年前的一篇文章中,我记叙自己由泰山归来的心情:"直至登上玉皇顶,才明白何为'会当凌绝顶,一览众山小'。原来不是泰山太高,只是旁边的丘峦太矮。"

所以他们是快乐的、健康的。正如希腊人在蓝天碧海之前,耀眼阳光之下,毫不畏惧地赤身露体,竞相在沙道上奔驰。尼采说得对,苏格拉底以前的希腊人强健而乐天。他们绝无顾忌地坦身露体,在别人嘲笑自己以前先行自嘲。因为他们要在被人掌握前先走一步,摧毁已成的自己。这才是欲望逻辑的真谛。

听说浪漫主义时期的文人对于疾病非常沉迷,因为病能带来一种新的体验。我赞成。在左脚受伤的头几天,对地面的起伏变化,我非常敏感,些微的歪斜都会令我抽痛。日常随意跨过的平路这时成为才步难行的星宿海。病变确能开发出陌生的自己,增加自己与世界关联的新路向。所以,病或许能取代"真/假"、"内/外"成为一组描述和构建自我的新范畴。创生新我也是欲望逻辑的前提。

(尼采曾说:"真正的哲学家不追求女人、国王和利益,反过来,真正的哲学家会被这三件事追逐。)事实证明,若非尼采不是真正的哲学家,就是他错了。不论如何辩解,我以为欲望逻辑始终是预设了缺陷的逻辑。欲望的指向是缺陷之得到填补。

今天,我是不大喜好这套了。随着阅读兴趣的转移,我宁愿称自己是亚里士多德和儒家的信徒。所以我不再向新认识的朋友解释梁文道并非一个笔名,就让这误会继续吧!至少我还未提出要"文起八代之衰"。我也很乐意向人解释我的藏书印为何是"为己之学",那是孔子的话:"古之学者为己,今之学者为人。"

于是,撰写病历是在"毁灭旧我——创造新我"和"完善自我"、"成己达人"之间摆荡。在此,我目睹自己对自己下的工夫,我看到坦白和杜撰的技术,虽然表面看来都不外一种时间上的积累。

容器

直到这一切都结束之后,才想起原来离我们还会去公园散步的日子,已经很远很远了。

我起得越来越早,因此睡得越来越少。天还没亮,我就先去洗杯子,和昨天夜里留下的餐具(也不多,无非是一只碗与一双筷子)。我用很少的水,尽量把它们还原成应有的透明和洁白。手还湿,我坐在桌前就着一盏台灯翻读以前的信。不知道是手上的水,还是别的什么,好几封信上的字迹全化开了,像一片蓝色的海洋。天色微明,我看见了,在过去和现在之间,在你和我之间,有一座海洋。

那时我总是和你诉说纽约中央公园的美好,多么了不起的构思呀,建城之初,他们就先想到了一片树林,以及人造的山丘与河流。一个微缩的自然藏在欲望的城市之中,与其说是市肺,不如说是空白,一个不用做什么也不用想什么的空白之地。当年还有不少人形容维多利亚公园是香港版的中央公园,规模虽小,但同样有草有树,躲在闹市里头。不,不是的,它怎么可能是呢? 你一定要去中央公园看看。可是你不愿意,因为你讨厌纽约;等到你开始动摇,不再坚持,我们已经走到了尽头。

维多利亚为什么不是香港的中央公园? 那是因为我们不容许空洞。曾经它的草皮要比现在多,它的空地要比现在大,可是你一定记得那可恨的市政局和那帮没水平的议员吧,他们嫌它太空,觉得是种浪费,于是加建了好几个球场。所谓公园,在我们这里也是有功能的,那就是"满足市民休闲康乐活动的需求"。还记得吗? 那时我质问他们,为什么草木就满足不了市民休闲的需要? 一定要球场才算是实实在在地康乐了一把呢? 然后,功能出现,我们对一座公园的需要却就此消失了。

功能不是不重要,假如没有维多利亚,没有因它而生的整条路线规划,我们还能够想象什么叫做政治集会与大规模的游行吗? 或许是住得远吧,反正维多利亚公园变成什么样子都与我们无关,它从来都不是我们的公园。当我们听说"维园见"的时候,意思只有一个。

意思就是把自己变成数字。后来我才明白市政局的用心和远见,将一片不规则的草地变成尺寸稳定的球场原来还有这种效果。它不是为了让大家有地方静坐,而是为了容纳我们,然后计算。它是容器,好比量斗,一斗能装多少粒米是有定数的,容有误差,虽不中亦不远。是的,随时日渐久,仪式成型,大家发现一座球场居然就是点算人数的工具。我们进去又出来，就像一个量斗装满之后再倾清，进去装满它，出来倒光它，一杯杯的米，一球场一球场的人，顺序流向夜里的街道。只要被计量过，事就成了。用报纸上的说法，这叫做"市民表达了他们的诉求"。然后我们会去就近的窄街，觅一食店，聊天消夜，再回家洗去身上的臭汗，由数目还原为人。

你还是会去的吧？每年的那天。我也是。以后我们的关系也许就是数字的关系，一个矩阵的两点，坐标上的x和y，第367和第25433……也许我会寻索这些数字间的奥秘，找到其中隐藏的联系和暗示。无论如何，我发现里头还是有共性的。例如，你我均在人均收入中位线以上，你我皆是一亿粤语使用者的一分子，在全世界不挨饿的五十亿人里有我们两个。距离再远，我们始终是五十亿中的两个人。

我很想告诉你我的疲累。我为自己发明的功能引来了更多更多的需要，我被自己制造的虚浮幻象压得喘不过气。因为除了你之外，知道它是幻象的人并不太多。

有一个急切的陌生人在网站上问我关于民主的问题，他问了一遍又一遍，最初他嘲讽我的沉默，怀疑我到底关心不关心我的读者和观众。后来他开始愤怒，谴责我的无良，因为他认为沉默代表了我对粉丝感情的愚弄。所以我只好开始做我最擅长的事，计算。假如每有三十个人在各处留言给我，还不包括用笔书写的信，那么一年下来大概就是一万零九百五十段待复信息了。以我中文输入的速度，每一则信息的回复差不多是十分钟，所以一年得用去十万九千五百分钟，亦即一千八百二十五小时，平均一天五小时，正好是我睡眠的时间。到底是睡觉重要，还是做一个以诚待人的人重要呢？

最近很累，头脑昏沉，算不出来。如果你在，你应该会告诉我。

这时候，我会想起我们的公园。还记得吗？老家楼下那一小片空地，村民世代务农，虽然田园早已建起楼房，但手上的功夫还在。见地方空了不好，他们就筑起了篱笆，垦出一块小田圃。先是搭起的架子上生了藤蔓，然后木瓜、芋头和石榴一株株接着出现。黄昏，夜香花的味道会飘进屋里。白天，你一定在路过的时候停下来看看。

你好喜欢那些花果蔬菜，用相机记下它们的成长。有的树长得够大，你会伸手抚摸树皮。我一直不懂，你怎么可能感到树皮下水脉的流动呢？但你坚称你自己听到了它们的气息。

我想念它们，以及停在上头的虫鸟，可是它们都不在了。

这段日子以来，发生了许多事情。我们的朋友去商场门口野餐，因为他们发现本来是公地的场所竟然给商人霸去了，而应该介入的政府部门却置之不理。这真是奇怪，因为那个部门一向敏于行动，老人在晨运路线上安设的神位和茶果，他们每月清拆，不是吗？

你知道我们的公园怎么了吗？部门的人来过，他们说村民霸占公地，一轮争吵，然后电锯开动……木瓜、葡萄、夜香、石榴、南瓜、芋头、波罗蜜、麻雀、粉蝶、蚂蚁，消失于一个下午。我回来的时候，村长手持一条细枝，如常点拨，仿佛花草枝叶俱在。他瞧着远方，我看不见他的表情。

我不只回答不了民主的问题，我甚至无力保护自己的公园。

　　是该上路的时候了，此处再无容器，可以卸得下我的重负和困顿。它们压垮了我，和我们。而且你越是想走，就越是有人催促："你为什么还不走？"路过曾经是花圃的地方，现在是部门铺上的水泥（他们没有种上些什么，他们只是怕别人会种上些什么），好干净，如我过去所做的一切，如你我的一切，不留痕迹。天刚亮，地面的反光就已经耀目得刺眼。

杂稿拾遗

我会做的事

十一月三日

我喜欢看人家说电视的好话,尤其是那些我喜爱的人,我可以借用他们的言语解释自己还在做电视节目的理由。为什么上电视需要解释呢?不,我没有那种读书人的清高,以为在小荧光幕(或者一版液晶片)上亮亮相,就堕落了,就俗了。不,我只是不喜欢看电视。

回复独居生活之后,家里的电视就像口沉默的井,水面漆黑,可以为镜,透不出一丝光线,也没有任何声音。我要强迫自己每天把它打开一段时间,至少得看看新闻吧。

近日翻阅大陆翻译的尚·高克多(Jean Cocteau)作品集(其实

书上的译名是让·科克托，但是我赞成迈克的说法，尚·高克多就是尚·高克多，独一无二、当仁不"让"，有什么好让的？何况"让"这个字离原文Jean的发音更远），其中一卷是他的访谈录。很高兴在里面读到他竟然喜欢电视，甚至想当电视主持：

"……我认为电视是一种寓教于乐的方式。要是有时间的话，我很愿意主持节目。坐在小屏幕前，我感到放松自在。在蒙特卡洛电视台，我曾对我的观众朋友们说，我来了，我来对你们说话——不是一张照片。我来到你们家中，你们可以选择接受我，或者拒绝我的拜访。这样与人们亲密交谈，太有趣了。"

电视当然不是这么一回事，电视机才是。即使是一口黑暗沉默的井，电视机还是我家里的亲密物件。而电视，在一个节目主持人与家里沙发上躺坐的观众之间，实在有着太多太多的人。没有那些人，你不可能对着我们说话，有那些人，你就不一定会感到放松自在了。尚，看来你并不大懂电视。

但我还是很高兴看到尚·高克多这么说。我不懂写诗，不懂画画，更不懂拍电影，可是我至少懂得做一件他没有时间去做的事。可堪告慰。

电视里的亡灵

十一月四日

天才如尚·高克多，说起电视其实也是卑之无甚高论。但他的长处就是能在任何话题上都谈出一句诗，起码一句。关于电视，我读到这么一个判断："电视就是家里的一个幽灵。"

然后我取出了他的《奥菲尔》(*Orphée*)，重新在电视机上看了一回。

在高克多的世界里，镜子是来往生死两界的出口，死神从此进入人间，亡灵由此穿入地府。只要有镜子的地方，就有通往另一个世界的管道，所以每一个有镜子的家庭都是地狱门庭的候客室。从你的床到那面镜子顶多是几步之遥，长眠是很方便的事。

死神和奥菲尔每次穿越镜子，镜面都会变成液态，人走进去就像受浸似的。高克多这么拍其实是在重申一个欧洲文艺传统的古老形象：水和镜子的双重性质。水就是最早的镜子，所以古诗人写到镜子的时候总是用形容水的修辞。而水正好代表死亡与沉沦，水仙子对水自盼是深沉的自恋，再沉沦下去就只有溺死一途了。反过来看，水却又是新生的象征，经过洗涤的生命是洁净新鲜的，例如接受过洗礼的基督徒获得了崭新的身份。因此奥菲尔与深深爱上他的死神屡屡穿过镜面，就是在返生复死，每一回都是终结，每一回都是开始，开始与终结并存，复生与死亡同在。

漆黑如镜的电视是家里的一个幽灵界域，一按开关，液晶体就为我们显像出另一个世界的存在。那个世界里的人明明是活的，但又不像我们这么活着。两个世界隔着一道稀薄的水面。

因此最诡异的事情就是在电视上看见自己，我在这里，也在那里；同时活着两种生命，或者同时生死。念及有一天我将离开这个世界，但是别人还有可能在电视上看见我在另一个世界的活动，我就明白电视的彼方果然是亡灵永存之地。

死生契阔

十一月五日

影评人黄爱玲曾经写过他的一个朋友看了尚·高克多的《美丽与野兽》之后,惊叹:"怎么外国也有《牡丹亭》?"有种爱一往情深,乃至于可以起死回生,又再复归死亡,的确是《牡丹亭》与尚·高克多共享的观照。

在《奥菲尔》里面,爱得最深的原来不是一向夺人所爱的死神,而是他和他的随从。他们把心爱的人送回阳间,然后将自己封闭在纯粹死亡的境界。最大的爱绝不完满,不讲究结合,而是彻底的隔绝跟否定。这世上还有什么比死亡更大的隔绝与否定呢?死神明白,所以他最懂得爱。

再一次，高克多呼应了拉丁语系里人所共知的一个传统，那就是爱与死的矛盾同源。"Amor"（爱）这个字本身就包含了"mors"（死亡），这个词源上的关系岂是偶然？我们常常期望并且迷信，爱可以克服死亡超越生命的界限。却罔顾现实的情况是爱情注定要消亡，因为爱情是凡人之事，而凡人都是血肉之躯（mortal），必有一死。

死神自己也知道，爱情不属于他的世界，但他偏偏爱上了凡人奥菲尔（爱情的矛盾）。所以他必须让奥菲尔还阳，与之生死永隔。他得不到奥菲尔，反而因此成就了爱的本质。爱神Eros是最聪明富足的父亲与最无知贫困的母亲生下来的，因此他虽然知道自己要追求人间最美好的事物，可是他永远追求不到。你求，但是永不许你。

我和他亦是如此相隔。从今以后，他只能在电视上看到我说话，就像死神隔着镜子凝视奥菲尔，奥菲尔自己却不晓得最爱他的人正看着自己写诗做梦。所以我怕在电视荧幕上见到旧日的录像，我觉得只要他出现在那个世界里，我们就是生死永别了。

拯救自己
十一月六日

　　《奥菲尔》里的死神一开始可没管那么多，一心一意就是要把俊美无匹才华横溢的奥菲尔钓到自己身边，叫他离开妻子，离开肉身，来到亡魂之地长相厮守。转折点是他亲耳听见奥菲尔居然也爱自己，宁愿为了他舍弃生命和世间的功业。后来他更目睹奥菲尔果然依诺奔来，一路上历尽逆风之苦。于是他下了狠心，要和他分手，要把他送回人间，就此诀别。

　　我没有这么自觉，也没有这么理智，所以我庆幸下定决心要走的是他。就是如此，他安全了。

在我们最后的那个晚上，他坐在我对面，低头看着自己的双膝，轻轻说出他的理由："因为我怕自己会爱上你。"我一听就明白了，他怕因为他知道亡灵之地的危险；而他这么说就表示他已经走到炼狱甬道的入口了。此刻若不回头，尚待何时？

他就像奥菲尔一样美好，而我的处境并不比死神强上许多。一边是深渊，另一边还是深渊，我站在中间那只容一人的险崖之上。如果他和我往右方下坠，是深不可测的欲望沟壑，需索无度，毁天灭地。左边呢，则是我自己也不敢多瞧一眼的阴暗仓库，埋藏的都是最卑鄙的谎言诡计和最虚伪的人皮面具。不管跌往何方，他的美丽与善良都将一无所存。

我回想他拯救自己的过程，吓出一身冷汗。究竟是从什么时候开始，我连这点自知之明也没有了？为什么左边那道深渊我连看都不敢看呢？小时候学到的一切为人格言与灵性操练都丢到哪里去了？

他是对的，所以我感激。

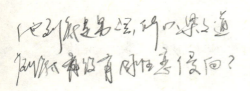

造孽

十二月七日

在刚念大学的那一年,我们几个同学穷极无聊,于是跑去捐精。那时以为这真是世间一样顶划算的事,居然有人付费给你自慰,光是想都觉得好笑。就算钱少也无所谓啦,反正平日没钱我们也是这么干。

和同学叙旧谈起这事,还能感到当年那股恶作剧的下流快感。其中一人特别兴奋:"我记得搞定之后,拿着小瓶子出来,还对着一个小护士一边摇一边叫:'哇!姑娘,多到快泻出来了!'"大家拍桌大笑,一阵喧闹。

突然有人冒出一句:"如果当年捐的精子很快给人拿去用,那孩子今天大概也有十六七岁了。万一是个女的,你们说会不会糊里糊涂碰上,不小心变成了乱伦?"

一点也不好笑。大家静了下来,毛骨悚然。

散去以后,我走在街上想起当年怀过我的孩子的那个女孩:"事情怎么会变成这样?"

我后悔,但更可怕更令我难受的,是我不能后悔。

赫尔佐格《天谴》里的疯狂探险家要让自己的女儿怀孕,给自己生一个王子,好建立世间血统最纯正的王朝。这个王朝,流的当然是疯狂的血脉。假如当年我的孩子也生了下来,就算从未见过面,我想我也能一眼把他认出来,因为那是疯狂的仇恨血脉。

我有一个朋友,生在一个不幸的家庭里。所以他自幼就告诉自己,一定要有孩子,一定要建立一个美满的家庭。我批评过他,说他的想法太自私,结婚生子只是为了弥补自己的缺憾。"难道你就不自私吗?"

我无话可说,因为我确实没有证据证明自己的孩子也会经历我所经历的扭曲,我也不能肯定我的家庭必然是过往三代的延伸与复制。但是我只做我能做的事,就是中止历史。

清洗

十一月八日

　　天上的主啊，如你存在，你一定知道我们人类用来掩饰自己罪行的种种伎俩。你看着这一切，会觉得我们如鸵鸟把头埋在沙中般可笑？还是觉得我们像地上爬行的鼻涕虫一样卑贱呢？

　　杀人之后，权欲熏心的麦克白夫人奋力地抹除地板上的血迹。她不是在清洗自己的罪恶（罪恶又怎能清洗？），她只想掩饰。可是即使在梦中，她还是念念不忘地要洗去地上的血污，那永远洗不掉的烙印，且可笑地由此揭露了自己犯下的重罪。

　　你愈想掩藏，那掩藏的手段就愈是耀眼。最精湛的伪装反而夸耀了伪装的存在。

很多人都以为我擅于与儿童交往。和他们说话的时候，我从不刻意使用童语。我绝不滥用"车车"、"饼饼"一类的叠词，也从未吊高声线夸张地以"系呀——？"一类的提问方式去响应他们最幼稚的宣称。相反，我以一个平和与比较接近成人的态度应对；尽管说出来的话还是胡说，但是他们喜欢，他们乐于我的率直。所以朋友在旁观察，都认为我对小孩有办法。

我走在街上喜欢留意儿童，逗弄每一个我见到的婴儿，至少在路过时对他们微笑，温暖些。我家附近所有的孩子都认识我，叫我叔叔，趁我进门之前躲在一旁与我玩捉迷藏的游戏。

可是我如何知道这一切不是伪装？我如何判定自己对儿童的感情不是一种掩饰？我如何可能不认为这就像麦克白夫人洗地，诚恳用心地洗，到了一个就算做梦都还念念不忘的地步呢？

讨好所有孩童，仿佛他们乃一总类，一个就是全体，全体就是一个。讨好他们，我怕他们认出我的罪恶。讨好他们，我害怕他们就是那个曾经存在过的我的孩子。

儿子的记忆

十一月九日

我曾经想象自己要是真有一个孩子，在我死后，他将如何记忆这样一个人生陷落的父亲。

他会记得自己在冷漠的氛围中，爬行、直立、走路，说第一句话。他甚至会记得在他挣扎地做着这一切艰难的动作时（这一小段时间预演了他终其一生的折磨和无力，只是当时他还不知道），父亲一言不发地坐在椅子上沉默，眼神透出的距离感就和他与父亲那张椅子间的距离一样长，怎么爬都过不去。

他会记得自己到了一个振翅欲飞却仍离不了家的年纪，开始结识情人，开始装扮自己，想去一家廉宜但到底叫做餐馆的地方吃饭；他向父亲要钱，一脸不忿。而父亲正从他的高峰滑落，因为长期曝光遭到观众厌倦，所以被电视台解约。他不再忙于写作，只有一份销量不佳的刊物让他保持一个专栏，因为老板还算照顾老相识。他很久没有教书或者演讲了，不只是反应迟缓，大家更怕他叨絮昔年发生的旧事，一些他重复了几十年的笑话。至于那本他承诺要写的巨著，尽管他每天关在房里几小时，依然停在大纲的阶段。

孩子走进父亲的房间，他哪里是在工作？他只是发呆。然后孩子说："爸，再给我一点钱好吗？"

他记得，虽然父亲从未当面直说，但父亲一直怀疑这是场误会，他根本不是父亲的孩子。这个最初的错误导致了后来一连串更大的错误。就算说不上恨，但父亲永远摆脱不了对母亲和自己的厌恶。这个父亲自私，阴冷，充满悔意，直到最后。

如果我把这个想象写成小说，题目至少得有骆以军的《我未来次子对我的回忆》那么巧妙。但我不是小说家，正如我终于没有这个孩子。

本能

十一月十日

我熬了很久,终于忍不住对着正在看报纸的孩子带点歉意地说:"我想抽烟。"背向窗户的他没有吭声,慢慢放下报纸,然后走过来一把将我抱起,再吃力地把我放在轮椅上;拉下两个踏板,好让我那失去知觉的双脚可以架在上面。

出了楼下大门,他从外套的口袋里拿出一包烟,替我点上一根,塞到我唇边。然后开始推着我没有目的地散步,就和其他公园里的老人一样。

狠狠抽了一口之后,我用还能活动的左手夹住香烟,开始再次向他说明我学过的生物学知识：

"你知道吗？其实雄性动物不负责任是有原因的。

"它们只是想传宗接代，所以不会放过任何逢场作戏的机会。反正不缺精子，它们能够生产无数的后代；缺的就只是机会。相反，怀孕、生产、哺乳和看护下一代安全成长，通通和它们无关，这都是雌性动物的事。由于付出较多损耗较大，所以雌性动物在性交方面通常比较羞怯保守。

"而且雌性动物也有自己的招数，它们能够隐藏子女真正生父的身份，甚至利用这点来诈骗。有一种雌鸟就有办法使得三或四只雄鸟帮它喂养幼雏，因为它们都以为那是自己的孩子。

"你看，每个男人不能肯定女人怀的究竟是不是自己的孩子，所以他们天性就容易'不负责任'，转头便走。"

"你的意思是，你不肯定我是不是你的孩子？"我看不见他的表情，但我回答："不，我只是想说，当时决定落掉你这个孩子，未必是我自己的意愿。我有自己也控制不了的本能。"静默片刻，他接着说："不负责任的本能？还是繁殖的本能？"

码头

十二月十一日

听说最后一班船已经开出了,我没有去"见证",其实我们都不需要"见证"什么。因为只要见过,就一定会忘记,在这个城市。

十多年前,我访问过许多人,只问一条问题:"你还记得没有太古广场那些现代大楼以前,金钟是什么模样吗?"结果没有一个人能够准确描述那曾经存在的绿色小山丘,那条斜曲急弯的电车轨道。就算湾仔和中环的老居民也记不起这一小块曾经切割两地的无名区域;事实上,只有地铁开通之后,这个地方才有了明显的名字:金钟。

你也可以选一个晚近点的例子，比如说九龙塘的又一城。在这么年轻而又庞大的商场出现之前，九龙塘火车站旁的这片区域有些什么呢？难道它就只是一块空地吗？

中环的天星码头亦将如是，与佐敦码头这些地名一起湮没，成为记录。今天去搭最后一班船的人，今天去为那钟楼拍照的人，不到十年就会忘记他们怜惜珍重的这个老码头的位置与模样。

曾经有外国作家带着滥情的眼睛欣赏这座城市，形容它是"借来的时间，借来的地方"，于是它的居民无一不是过客。我觉得他没有完全说错，因为这个城市本身就是码头。来来往往的过客不会记得码头石柱上藤壶集聚的范围有多大，因为这些人善忘；码头也不会记得任何一个它曾经吐纳的行人，因为它自己就不停地移动、毁灭和再生。

这座城市奇妙的地方就在于它的细节不断变化，没有一栋建筑可以长存，没有一条道路不曾挪移；但是整体上它却总是对外呈现出一副朦胧却又璀璨的颜色，仿佛自创世以来就是这个样子。就像一个玻璃箱中的蚁巢，那些孔道明明没有两天是完全一样的；可是我们只要远远观看，就都一口咬定："它还是同一个蚁巢。"

人可以消失，码头可以搬迁，但香港仍然是那同一个码头。

忘川

十一月十二日

　　他也像其他人一样，被这座城市的光华迷惑前来，住在海滨的楼房，好夜夜细赏这不变的海景。难道他就没发现这个城市的骚动不安吗？难道他没看见一年之间在他家旁边迅速生长成形的新建筑吗？这个城市并不如外人所想，它的本质就是没有本质；它最稳定的，就是那模糊的整体表象。

　　然后他会发现，搬来这城的决定果然是正确的，因为他可以忘记曾经的创痛。此城居民皆善忘，犹如此城的善变。我也忘了告诉他，他天天面对的那条著名水道就叫忘川。其两岸有几个渡轮对开的码头，乘客只要搭船由此岸渡至彼岸，就会忘记此岸的一切；反过来,当他由彼岸回归,就会忘记在水的那一边上曾经经历的故事,甚至忘记刚见过踩过的那个码头早就不是原来的码头了。

多好的一座城,每天都是新的一天,每个人都是全新的人。没有记忆,没有负担。"你来对了地方,很快你就什么都忘了。"

于是我带他坐船,选择一条最远的航线。"我带你去大岛南方的市镇吧,那是英国人最早发现的一条渔村。现在有很多高贵的房子,住了许多高贵的人。"当然,高贵的人不知渔村前生的故事。他果然喜欢这条路线,也喜欢那个市镇,所以我说:"有一天你也应该住到这里,高贵的人。"他微笑,但是有点勉强,大概是因为我的笑话并不好笑。

将来他离开这座城市之后,或许也会遗忘我们曾经去过的地方,我们曾经跨越的水域。因为只要你住过这城,遗忘就会跟着你走,遮盖了他在此地的记忆。离开桃源的渔夫只是不知来时路,离开此地的人却根本不记得有这么一个地方。

原初罪行

十一月十三日

人生所犯的一切罪恶，有其源头，那就是记忆中最原初的犯罪场景了。它未必是一个人一辈子犯下的第一宗罪，也不一定是什么重罪，却是决定了他日后罪性倾向的关键，也是他意识根处萦绕不去的死结。

圣奥古斯丁反省的开端也就是他自己的原初犯罪场景。十六岁那年，他与一群恶友深夜时分闯入一座果园，摇下整株梨树的果实。那些梨子并不好吃，所以大都给他们拿去喂猪了。"我们所以如此做，是因为这勾当是不允许的。""我也不想享受所偷的东西，不过为了欣赏偷窃与罪恶。"

"当我作恶毫无目的,为作恶而作恶的时候,究竟在想什么?罪恶是丑陋的,我却爱它,我爱堕落,我爱我的缺点;不是爱缺点的根源,而是爱缺点本身。我这个丑恶的灵魂,挣脱你的扶持而自趋灭亡,不是在耻辱中追求什么,而是追求耻辱本身。"(《忏悔录》第二卷第四节)

无论从任何角度去看,少年时代偷点水果都不算是特别严重的罪行;然而圣奥古斯丁却用了许多篇幅去描述和省思这件事,难免令一个天真的读者疑惑不解。莫非圣奥古斯丁律己甚严,在忏悔内省的过程中不放过哪怕是最微不足道的琐事?可是我们又会发现在其自述的罪行之中,花在偷梨这件事的篇幅比诸其他,却又不合常理地长。这是为什么?

理由是这件事乃他首次感到罪恶本身的诱惑,而且屈服其下。他偷梨不是为了想要吃梨的私欲,也不是为了满足猪群的饥饿,而是为了偷窃本身带来的虚幻自由及其派生的快感。这是为犯罪而犯罪,纯粹的罪。而且这种由罪恶自身的引诱,导向了他日后其他所有罪行的性质。这就是圣奥古斯丁的原初罪恶场景,他在此初次领略到了原罪的存在与顽固。

虚荣

十一月十四日

我回想自己的原初犯罪场景,竟然就是我的"初恋"(至少我如此描述)。

念幼儿园的最后一年,我喜欢上了一位同学。在快要毕业的某一天,我拉着她走到校园中央的一座水泥滑梯。那座滑梯有两条平行并排的滑道,所以小朋友们可以双双站在顶端同时下滑,比赛谁的速度快。那天我向她提出:"我们一人一边,手牵着手滑下来,只要能同时到达地面就表示我们结婚了。"于是我们结婚了。

我以为我们会上同一所小学,可是开学快一个月了,我还是没看见她。后来我病了，家人带我去看医生，恰巧那个医生与她同姓，我就问："××是你的孩子吗？"大家大笑，当然不是。半年之后我才放弃重遇她的想法。

为什么这是我的原初犯罪场景呢？那是因为日后每当我向其他人述说这个故事的时候，他们嬉笑之余总会赞叹："你那么小就这么浪漫，好厉害！"换句话说，这个故事可以为我带来一种浪漫多情的形象，而浪漫与多情是我们社会肯定的正面价值，令人欣羡令人钦慕。所以我如何可以否定，在我复述这个故事的时候不曾有一丝一毫炫耀的动机呢？难道我不曾在说这个故事的时候生起想要以此博人好感的念头吗？就像我对他也说过这个故事，而他的反应也一如他人，难道这不是在利用那最初纯净的感情去诱惑他人的丑恶行径吗？

更何况那所谓的最初纯净也是不无疑问的。我为什么要在同学们众目睽睽的情况底下，用这么夸张的方法去向一个可爱的小孩表白呢？就像富商在报纸上登广告向女星示爱一样，这无非也是炫耀。

而炫耀为的不就是虚荣吗？啊！虚荣是多么可怕的重罪呀！光明天使路西法不就是由此堕落为撒旦。我的罪孽如此深重，五岁的时候就懂得虚荣的诱惑。

奇缘

十二月十五日

为了写一篇谈电影中所呈现的书店的文章,我终于看了《诺丁山》(Notting Hill) 这部从来没想过要看的电影,而且果然后悔。故事简单,一个永远带着尴尬笑容的帅哥在伦敦诺丁山区开了家生意不好的小书店,有天巧遇住在洛杉矶比佛利山的美女大明星,最后他们结婚了。

我不知道好莱坞还会拍多少部这种电影,但我知道大家会乐此不疲地看下去,因为它描述了不可能发生的遭遇。

例如这部《诺丁山》,一个只能在杂志封面或银幕上供人瞻仰的明星,不知道为什么,也看不出有什么很迫切的理由,就毫无保留地爱上了一个失婚并且生意失败的无名中年。这是一种超级粉丝的心态,觉得自己纵使平凡,或许也能莫名其妙地得到偶像。为什么?可能就是因为自己平凡吧。

那些明星呀,总是住豪宅,出入有保镖,身光颈靓;你以为他们愉快自在吗?才不呢。他们其实羡妒我们,想跟我们一样搭地铁,挤茶餐厅,做个常人俗子。因此这类公主爱上乞丐的故事一定不会放过这点,强调厌弃宫廷无趣华丽的女子怎样迷上了街头的人情风景;离开了香槟开不停的头等厢下到人声鼎沸的三等舱,甚至愿意为此葬身大海。《诺丁山》也不例外,安排了一场女主角参加男主角妹妹生日派对的戏,好显示她在一桌的家常菜与俗人笑闹之间其乐融融。我很平凡,但是平凡就是我最大的长处。

话说回来,其实我也不算太讨厌这些电影,还开始有点同情地欣赏。如果拍得好,说不定它的药效可以持续一段日子,让我在生活的凌迟苦痛之中,依然能够挂上一抹出神的微笑。

明星

十一月十六日

其实所有的恋人都会想象自己就是那个爱上了明星的常人。我没有接近他的机会,也没有接近他的权利,因为我们的世界差得那么远。我在泥地上艰辛挣扎,他的生活却有一团神秘不透的光晕。他的形象在电影海报上出现,我却在尘埃飞扬的街上,或者行速缓慢的计算机里凝视这张海报。

尽管这张海报如此俗气,俗到了一个你几乎不能接受这是他该拍的电影的地步;尽管电影的情节如此无聊,无聊到了一个你几乎不愿他在其中出现的程度。但还是感激,感激这些电影可以满足自己最狂妄的想象,平凡难看如己,居然也能一亲偶像芳泽。最低限度,我们应该感激他到底在这些电影和海报里面,否则我们连见面的机会也没有。见面,我的意思就是,在一条货车与巴士不停飞驰而过、空气污浊的路旁,你和笑容停滞的他相对。他正在海报里,对着你笑。

想象他是一个明星,去一些我进不去的地方,过一种我不理解的生活,常出远门(那当然坐的是头等舱)。可是他会送东西给我,例如在异国拍的照片,明星总在电视专访里慷慨展示,说是"送给大家的礼物"。

曾有一小段时间,我的日常习惯因他起了绝大的变化。比如说我戒了常抽的烟,因为他懂得怎样卷出一根漂亮完整的烟,和我的手艺相去不远。又比如我不再去常去的酒馆,只是因为我和他一起去过。仿佛瘟疫,所至之处皆成禁区。

可是后来我接受了,这只是一段明星偶尔游戏人间的小插曲。世界总有意外,人生总有奇遇,我应该珍惜。于是我抽回我的烟,再次揭起幕帘走进我常去的小店。只有一点不同,今天的我是有福的,犹如受洗,平凡的生活已被圣神侵入。在他而言是不经意的施舍,对我却是生活的自此升华。

流星

十一月十七日

流星来的时候,有人问我为什么不许愿。

这些流星,这些陨石,大都是星系的标本。构成它们的成本非常原始,因为它们是太阳系还处于宇宙尘埃的阶段就凝聚成形了。所以别看它小,其实它有太阳那么老。因此学者凭陨石可以推断出太阳系的年纪——四十六亿岁。

经历了漫长的岁月,历遍洪荒,它们曾在黑暗中浮行,见过人类出现之前的星空。如今受到地球引力的作用,在接近地球轨道的时候,一头扎进大气层,摩擦出剧烈的火焰,发出我们看见的光芒。这么苍老的星体,何堪人间虚幻愿望的重负?尤其在它这最后一段的航程,我们又何忍为之加上不必要的负担?

所以我悲悯地微笑,看它或者早在坠地之前就燃烧殆尽;或者思考它将落在某处我所不知的角落,再被树叶与灰尘埋没,遥望月球与天上繁星,在它所来处犹兀自静静高悬,清冷,发亮。

这般古老,属于另一个界域,又容我见上一面,然后迅即消失,在我去不了的地方结束星途。总之不是我的地方。

关于流星,有一个谜团是暂时无解的(说它"暂时",是假设科学总是不停地进步,终有一日可以说明万物的来由)。那就是流星的声音了。

许多观察流星的人都说自己在看流星掠过的时候听到了物体爆炸,或者超音速飞机发出的嘶声。1998年狮子座流星雨规模最大的那一年,有一组科学家专程跑到蒙古草原观察和记录流星的声音,发现流星和它们的声音确实同步飞行。但这是不可能的,因为就和打雷一样,我们应该在看到火光之后才听到声音。为什么流星下坠的声音会和光同时飞抵地球呢?

明星的小孩

十一月十八日

他生来就是一颗明星，所以他的分裂比起任何人都来得早，也都来得严重。

20世纪中叶的美国社会学大师米德（George Herbert Mead）认为人的基本处境就是一分为二，一个是他人眼中的我，另一个是本真的自我。在社会中活动，在人群中往来，我们都像站在舞台上的演员，呈现不同的面貌。可是，我们常常自省以及抱怨，那并不是真正的我。

大明星加里·格兰特（Cary Grant）曾经调侃地说道："我也和

观众们一样,希望自己是'加里·格兰特'。"我偶尔看见一些电视主持人在节目里"真情流露",对着即将离去的同事依依不舍,几乎快要落泪。但我十分困扰,这是"真"的吗?现代电子传媒使得明星和我们无比亲近,当他对着镜头说话的时候,我会以为只有我一个在听;当镜头对准他的面颊的时候,我可以看到上面的凹陷,比他自己所知的还要真切。可是,这都是真的吗?

或许他也有这种困惑,就像加里·格兰特,感到那个表演里的我正在混淆和威胁自己,使自己迷失在一片大量复制的声音的光线里。更何况他活在一个美丽的躯体里面,习惯被人仰视膜拜,乃至于反过来认为任何一个真正爱他的人都不应该像其他一样从这个神殿的门口攀升,小心翼翼地接近自己。

于是我曾以自己久经训练的技术蒙住了肉眼,并且看见他在人群的簇拥之中忽然缩忽然失落,恍如一个遗失了什么东西的小孩。在那一刻,我以为我找到了他的真名。

然而又有哪一个明星的本质不是一个永远渴望的小孩呢?因为身前堆满的珠宝和鲜花都不能满足他的渴望。所以我一定不是唯一一个看见他本质的人,我不可能是独特的。于是他仍然是那个在表演里真情流露的明星。

偶像

十一月十九日

我不嫉妒什么。在复杂多变,即起即灭的各种情绪之中,我唯一缺少,或者找不到其对应物的,就是嫉妒。不嫉妒是因为富足,很多人都会这么说。可是在我,却是因为贫乏,不曾拥有,不可拥有,因此也就没有嫉妒的基础与权利。

英国当代社会学家瑞杰克(Chris Rojek)在《名人》(*Celebrity*)一书的开头写道:"虽然神性的质素常被归诸名人身上,可是'名人'的现代意义实际上却来自众神的坠落,以及民主政府及世俗社会的兴起。"既然宗教信仰不再是人人必备,贵族与王家也都成了历史的装饰,那么还有谁来填补那空虚的祭坛与蒙尘的王座呢？恐怕就得是名人和明星了。

所以那些崇拜明星偶像的粉丝们，都是某种意义上的信徒。他们以钻研圣典的耐心细读偶像的材料与访谈，他们用储存圣地泉水的态度搜集偶像的肖像。

可是我听说有的粉丝会嫉妒。他们或许会因为偶像不幸地与一个错误的人在一起而扼腕慨叹，愤恨自己如何无力挽救其于水火；他们也可能因为偶像的生活美满，因而自惭形秽，觉得自己卑下得不配崇拜他。这，都是嫉妒的表现。

我不嫉妒是因为我对他的崇拜还不够彻底？抑或正好相反，是这些粉丝的崇拜心志还不够高尚呢？

听说他被娇艳的人与宝石包围，听说他总是在思念一种缘分巧妙的遭遇。可是这又与我何干？前赴德尔菲求卜的忠实信徒会嫉妒阿波罗艳遇吗？人为什么会蠢到要嫉妒神呢？

然后我看见摩西下山，愤怒地掷碎了诫版，因为以色列人啊，借上主的大能离开埃及，此刻竟然在跪拜金牛。

骄傲

十一月二十日

有一段时间我迷上了苏联小提琴家柯岗（Leonid Kogan），尽力收集他的全部录音，夜夜细听。同时，我思考自己本来可以是个什么样的人。

很多乐评人认为柯岗的巴赫拉得不怎么样，但是我以为除了温暖如歌的格鲁米欧（Arthur Grumiaux）之外，就数柯岗最叫人难忘。例如第2号变奏曲（Partita）的"恰空"（Chaconne）舞曲，他的演奏是那么苍劲，从第一粒音符开始就完全树立了自己的性格，其右手的力度始终浑厚有力但又平稳无瑕。他奏出了别人没有想过的巴赫，一个悲剧性的巴赫。

每次听柯岗的"恰空",我都会问自己,如果没有放弃,会不会有一天我也做得到呢?

当然不能,我不愿意在这一点上自欺欺人。可是我们就是喜欢回首来时路,以为自己原该变成另一个人;不一定比现在好,也不一定比现在坏,但总之是个不一样的人。

我曾经为了一些自以为重要甚至伟大的诺言放弃了自己心爱的物事与技艺,然后沾沾自喜,享受虚荣带来的片刻快感(所以我不应该再说那都是些什么诺言,又是些什么物事,否则我只能重蹈覆辙),却还以为自己庄重诚实,殊不知罪恶之蛇早在暗处一角无声吐信。

那天我跟他说起琴的故事,当时我觉得自己十分慎重,只是坦白道出过去的事,然而却令他留下了印象。从头回想,我怎知道自己的心是纯净的呢?魔鬼总在名声显著的善人心中埋下诱惑的种子。

人不应该为自己拥有的东西骄傲,更不应该为自己未曾有过的东西狂妄,因为那是虚幻的。无论我是哪种人,又可以变成什么人,岂不皆是血肉之躯,地上的灰尘?

音讯

十二月一日

　　你愿意花多久时间去等待一通或许收得到或许收不到的手机短信呢？你又应该花多久时间去等？

　　据说文学力量亘古常新，多久以前的伟大作品，今人读来依然动人心魄。有时是的。比方说古巴比伦史诗《吉尔伽美什》里的这一句："喜乐将因哀病而佝偻，当汝返归尘土，吾将为汝披发，吾将披上狮皮漂泊旷野。"隔了三千年，从两河之间的平原来到这南太平洋的海滨，我依然能在这里头读到无尽的哀伤。

　　可是我也必须承认现实。生活环境变了，古人的情绪由来，我们未必可以完全体会。比方说旧诗里常见的相思之苦，往往来自音信难通，关山阻隔。修书一封，往往得耗个一年半载，才能跨江渡海，送到意中人的手中。接到回信，或许已是一两年后的事了。沧海桑田，只在一瞬间；这两年里世情之变，谁可料计？我怎知道展读家书之际，发信人是生是没？

在我们这个"实时霸权"（real time hegemony）的时代里，一个人要是失去联络一天，大概就能当作失踪人口了。我们太习惯一个手机短信要实时见到回复，太习惯打出的电话一定要有人接。这是手机的年代，连接全球十亿部手机的电波网络无远弗届，几乎覆盖整个地表，每一个人都能在这巨网里找到另一点上的人。

我们要怎样去想象人的脱网？你发出的信息没有回头，你按下号码之后只听见一声长鸣？

光年

十二月二日

我愿意花多久的时间去等待一通或许得到也或许收不到的手机短信呢？我又应该用多少时间去等它呢？日本动画家新海诚（Makoto Shinkai）的答案是八年又两百二十四天十八个小时。

新海诚是近几年日本动画的奇才，《星之声》是他的成名作，除了音乐之外，全片的剧本、绘画、配音、导演和制作竟然全是他一手包办。表面看来，这部短片沿用了日本科幻动画的外壳，有外星人、机器人和未来的太空探险；但是片中的地球生活却和今天相去不远，便利店、有轨火车和满街的电线杆；幻想的未来与现实的今日共冶一炉，相当奇幻。

重重包装之下,《星之声》要说的其实是个古老的故事,恋人间那遥远至不可能的通讯。美加子和升是中学同学,本该一起升学,但是美加子被选进一个太空搜索队,给派去地球之外受训然后执行任务。选十几岁的小女孩从事这种工作,就是因为她年轻,可以去光年以外的距离,将来回到地球还不会太老。

幸好,即使到了那么远的地方,手机还是通的,科技昌明。只不过你只能发短信,不能打电话。因为这女孩离开家乡,离开日本和大气层,飞过月球、火星、土星、木星,到达了冥王星。这时拨一通电话要一年之后才到得了地球,我们如何可能拿着电话静待恋人一年后的那一句"你好吗"。

离得愈远,美加子与升的短信往来就愈漫长。终于在音信隔绝接近一年之后,升在一个下雨天收到了美加子的信息:"我们刚刚经过超光速飞行,来到太阳系的边缘,你收到这封短信应该已是一年后的事了。对不起。很快我们就要到天狼星系追赶达路斯人,下次通信将是八年两百二十四天十八个小时之后,到时你一定已经忘记了我。我觉得我们是被地球和宇宙拆散的第一代恋人。"

风筝

十二月三日

我在一夜之内传出数不尽的信息,直到他回复,叫我不要再问下去了。诚然,我应该学懂等待的艺术,培养一种叫做耐心的植物。

我想很多人都有这种经验。你不能主动,你不能做任何事,你只能等他心血来潮问候几句的时候平淡和缓不慌地应答,你不该成为逼迫的力量,你是一株等待季节性阵雨的沙漠植物。

新海诚的《星之声》,男主角升无法再等,他知道下一次收到远在天狼星系的美加子的信息,将是八年后的事了。"在这种情况下,八年和永恒是没有分别的。明知道这门是不会再开的了,又何必再敲?为了不再等待不会传来的信息,我的心要更坚硬、冰冷、坚强……"

可是世上虽千年,山中不过一日。地球上的八年,对超越光速的美加子而言,才是一瞬间的事而已。终于八年之后,升的手机接到了美加子在八年前发的短信:"给二十四岁的升,我是十五岁的美加子,我还是爱着你。"可惜升这时大概不知道,美加子已经永远留在另一个世界,回不来了。收到这条信息,升会不会又重燃希望,觉得等待还是有意义的,值得再试一次呢?

用一个土气但又实在的比喻,我就像只风筝,高空之上不知地面的他在想些什么做些什么。我只依稀感到他还在看着我,于是我以为自己在气流中抖动的身躯还会通过那一条几近隐形的丝线传到他的掌心。万一这条线断了,又或者万一我挣脱了线的束缚呢?你会不会等待一只再也看不见的风筝,风筝又会不会在空中等待不可能的会合呢?

等待这种东西并不如我们所想,一定要有目的,一定要有等到的那一天。这种植物执迷不悟地生长,等待就是它本身的目的。不一定等到什么,只要等,联系就在。美加子与升再也联络不上了,唯一联结住他们的,只有等待。

落发（一）

十二月四日

　　湾仔影艺戏院结业，我没有赶去为它送行，因为不忍。我好久没去过那里了，其实我离开泡戏院的日子已经很久很久。十年以前，当我还老是流连影艺的时候，其中一个看戏的伴侣是我这辈子最好的朋友。最近，他要剃度了。

　　我这个朋友，是我见过最温柔静谧的一个男人，高高瘦瘦，永远挂着令人喜悦的笑容。和他在一起，我们可以良久无语，依然自在。最近几年没见，但只要想起他，我仍然会由心里无声地微笑出来。我知道，我们还是最好的朋友。

记得他说，他在这家戏院认识了一个女孩，就这么交往起来。当时我吓了一跳，没想到内向如他，竟也可以如此大胆，敢去主动问一个陌生人取电话。可是回头一想，没错，他就是这样的人，果敢专志。

后来那名女子去了一趟远游，没有回来。同行的旅伴才刚在电话里哭着说了第一句话："她死了。"他就挂断电话，然后镇夜思索她到底是怎么死的。第二天早上，他看见一地头发，才发现自己竟已秃顶。

我原以为这只是小说里才有的情节，没想到竟然发生在自己最好的朋友身上。大家听了，不知该说些什么才好，只能用笑话解围，说他是情圣。

我曾以为他不会再爱上其他女人，那头上的创伤别说他自己，恐怕任何一个女孩也不能忘记无法释怀。可是多年之后，他还是恋爱了。我感到欣慰，又不免担心，因为他早在不知不觉间走上了一条没有多少人选择的道路。终于再一次的伤心，终于成就了他本该成就的。几个月后，我将旁观他落发出家。

落发（二）

十二月五日

　　他终于剪短了头发，我曾告诉他，也喜欢他短发的模样，并不比长发差。可是当时他不能剪，"我还拿不定主意"。莫非现下时机已过？还是他心意已决？

　　头发总被认为是心的延伸；一缕情人青丝，恰比红豆，常是相思寄意的信物。今天的和尚，昔日的修士，也要剃发明志，仿佛发在则俗情不却。

　　入冬以前，他恰巧换上短发的新装，大概是经历了一番抉择吧。二十年来，兜兜转转，我又回到了这道关口之前，也要面临自己的抉择，冥冥中总是摆不开它。

当年曾目睹三位学长晋铎的仪式，始终难忘。在主教座前，三人先是跪地，进而全身俯地，双臂张开，成一十字架的形状。我知道这是完全服从的意思；当然不是服从主教，而是服从世上那唯一拥有权柄者。这个仪式也是宣示自己彻底弃绝的过程。弃绝，我做得到吗？

少年时代看过一部《圣方济传》，电影拍得并不怎么样，但他的故事无论怎么处理都是震撼的。圣方济弃绝了，弃绝万贯家财，弃绝锦衣华服，弃绝任何世间功业的想望，弃绝叫人心迷魂醉的爱情；他在高贵的主教面前脱下身上最后一块布，而众人震惊，无言以对。这个人，因为这个人以赤裸将谦逊推到了极致。此后他一身粗麻，赤足漫步于乡野之间。"主啊，我不求被人原谅，但求原谅他人；我不求被人同情，但求同情他人。"他如是祈祷。后来，他竟能通兽语，知道鸟儿在他肩上的鸣叫。

礼成，三人起身，两旁上百位神父逐一趋前和他们拥抱，其中有的甚至忍不住热泪满面。"你刚做的，我也做过，如今我们是兄弟了。我们同是弃绝一切之人，随时等候呼召派遣到地上任何一个角落，永不回头。"

长亭外，古道边，我送别我的朋友。你走的是一条弃绝一切、永不回头的路。而我，还在路口犹豫，思索那一缕断发的意义。

狮子

十二月六日

以前读夏丏尊《弘一法师之出家》,很是感动,心想若能见一挚友出家,那真是比参加婚宴还要欣喜。后来看过古苍梧写香港一代才子陈辉阳五台山上剃度的经过,又感慨其中的悲欣交集,朋友终了大愿是欣,吾等凡夫再也见不着他在俗世功业上的造诣则难免有憾,此后两人间的情缘变化就更是不知从何说起了。

到底凡俗,夏丏尊当年曾以为出家是不幸的事情,至少要吃苦头,所以一直为李叔同的离去难过。何况弘一法师曾当众人说:"我的出家,大半由于这位夏居士的助缘。此恩永不能忘!"他就觉得自己"罪责"重大。

看来能出家的人，真得有果断单纯的意志才行。夏丏尊与李叔同是老同事，在杭州浙江两级师范学校一起教书，李教艺术，夏则是舍监兼修身指导。有一回，宿舍里失了财物，大家怀疑是某个学生干的，却苦于没有证据，于是夏丏尊来找李叔同想办法。怎料李叔同竟然说："你肯自杀吗？你若出一张布告，说做贼者速来自首，如三日内无自首者，足见舍监诚信未孚，誓一死以殉教育。果能这样，一定可以感动人，一定会有人来自首——这话须说得诚实，三日后如没有人自首，真非自杀不可。否则便无效力。"

夏丏尊回忆当时李叔同说这话全然"是真心的流露，并无虚伪之意，我自愧不能照行，向他笑谢，他当然也不责备我"。

弘一法师乃一代律学宗师，面相有若深山古木，然其性格又是何等温文自在，发生在他身上的事在他看来几乎没一件是不好的。观其墨宝，不卑不亢，和蔼可亲，淡而有味。究其实，原来却是一头狮子。

想来吾友亦是如此，多年苦修，最后有缘走到今天这一步，与我的差别大概就是这颗狮子心。

情书

十二月七日

　　影艺戏院结业,我当然会想起那些曾经轰动一时的旧电影,一上画就是六七个月。只有影艺这么小型的电影院才做得到这种古怪的安排。

　　岩井俊二的《情书》,感动过一整代年轻人;但是当它去年趁着十周年重新放映,却听说已经有些更年轻的新观众看不懂了。看不懂?他们看不懂什么?又想看懂什么呢?

　　难道是渡边博子在高山雪地上放声大喊的那一幕吗?当年很多人就是在那场戏撑不下去,哭红了眼。它是如此煽情:一片冰天雪地，美丽温柔的女主角对着远方的峻岭，她的未婚夫藤井树魂断之处，一遍又一遍地喊道："你好吗？我很好！"你好吗？我很好。既然如此，再见吧，我要忘却和你的过去了；我很好，而且我要更好地活下去。

假如有相隔十年依然能叫人心痛的电影场面，这就是了。再年轻十年也不会看不懂的。

我猜想，而且担心，年青一代真正看不懂的其实正是电影的主题，情书。情书为什么要用信纸书写，又要请邮差传递呢？这可是连鬼都会发电邮的年代呀。

在大家用手机就能传情说爱的世代里，寄信是怎么一回事呢？

让我来解释，它是这样子的。你先拿出一张纸，再用笔写上一句"你好吗？我很好"，然后折进信封，贴上邮票，第二天早上把它投进邮筒。接下来的几天甚至几周，你思量对方是否已经收到你的信？他有什么反应？他回信了吗？他会回信吗？有时候，你会后悔之前的信太短，言不及义，于是隔天又补上一封；又有些时候，你等得太久，所以痛省自己的愚蠢，为什么还要寄信给他呢？

不懂，是因为十年以前，那还是个恋爱需要时间的年代。

延滞

十二月八日

在那没有电话、电邮,更没有手机的年代里,我们写信,并且由此感受时空的辽阔。空间的距离,时间的不测,全都体现在一封信里了。

我曾经收过他的信,里面有这样一段话:"我知道你不会想起我,一点都不。但是我却没有停止过恨你,做梦的时候恨你,刚睁开眼的时候恨你,刷牙的时候恨你,穿衣出门的时候恨你;搭地车的时候希望你就躺在路轨上,在我面前被铁轮压过……"

我却想象,他其实已经不恨我了。就在他写完这封信之后,就在他寄信的一刹那，又或者在这封信漂洋过海来到我桌上的这段期间。连人都可以在一瞬间死亡，何况人的情绪？我怎知道在我读信的那一刻，他的情绪会变到哪个地步？所以当我看到"我恨你"这三个字的时候，我知道，它指的不是他"现在"恨我，而是一段昔日的记录。而昔日，已经不在了。

故此所有的书信都是一种记录，信的读者也都明白。邮递需时，我们读信的时候至少会在下意识里把这点考虑进去，让时间与时间之中的变化成为阅读的背景跟脉络。

又所以，读信是种猜谜。信上头的一切文字一切符号的意义全在时间和空间的距离里浮动起来，我们边看边想，从他写下这些东西的那一刻直到现在，中间发生了些什么？这些文字表露的情感他还坚持吗？甚至我们会想，他还活着吗？

如果我回信，就算我如实记述了当下的想法和反应，我响应的还是他在昔日留下的东西。等他接到了信，他看见的也不是实时的答案，而是昔日的回声。就是如此，书信总是一种延滞与回顾，它永远赶不上我俩的"现在"，我们看到的现在其实都是过去。

追逐
十二月九日

曾经,所有沟通都是延滞的,都是过去的残响。交通愈不发达,技术愈不昌明,我们的沟通就离眼前愈远。因此一切情书都是不确定的,即使里头的山盟海誓被重申保证了千遍万遍,我们仍有理由怀疑这一刻的他已经变了,盟誓已然弃毁。

于是情书不只不能叫人心安,反而更惹人猜疑,我们害怕当下的真相与信上所记的往昔相去甚远。难怪看前人的情书,它们的作者总是要不断起誓,再三保证自己的情意久恒,似乎不这么写就无法释除对方的疑虑。然而它一点用处也没有,因为再浓重再大量的文字也无法突破书信沟通的时空限制。有了时间这项因素,就没有一条誓言是完全可信的。我好怕,所以我要你再说一次,每次回信的时候我都要你再告诉我一次,你是想我的。知道努力是徒然,我们只好更努力。

情书往来变成了追逐,在信与不信之间来回,在承诺与怀疑之间摆荡;这都是距离的缘故,都是时间的隔阂。

我们写信读信的心态复杂,思想与神志俱在宽阔的空间中奔驰,在苍茫的时间中踌躇。这样的爱情是不透明的,是隐晦的,耗尽心力。我每一封回信都是下注,赌你还是信里头的那个你。假如不是了,我寄出的这封信就会变成落空的笑话,它只证明了我的痴妄可笑。所以我的每一封信都押下了自己的信任与尊严,我交出了自己,由它决定我的命运。而结果如何,我永远不知道。

在大家还写情书的年代,我们都是冒险家。我问你是否念我如昔,但我可以预知你的答案不可能是最终(或者最实时)的答案。我们是冒险家,因为当下没有满足,目的地永远还在前方。追逐,不可终止。

时间里的爱情

十二月十日

  收到短信,"我们还是不要见面了"。三十秒后,我回复"但我诚恳地等待"。大概五秒之后,他就会看到这七个字了。如果是直接在电话里谈,或者在网上对话,我们还能多省三十五秒,几近实时。实时的爱情是种怎么样的爱情呢?

  从步行到马车,从马车到铁道,从铁道到飞行器,再从飞行器来到实物电传的前夕,我们的空间压缩了,世界似乎再也没有遥远的角落,各种位置都在同一个位置。其实技术压缩了的又何止空间,难道时间没有被各种传输技术与沟通方法压缩为同时吗?

时间压缩,指的不只是我们交通联系的所需时间短了,比如说从过去寄信到美国的一个星期到如今传出一封电邮的五秒钟。不只如此,时间压缩更是整个生活时态的改变,没有了过去,只剩下现在。再以传统书信为例,往日我们展读一封信,其实是在跨越两个时间上的点,一个是寄信人写信的那一刻,另一个则是我正在读信的这一刻。一封信如此横亘在过去与现在之间。但是实时通讯技术却取消了时间的差异,甚至弥平了时区之间的沟渠。

这样的社会"是一个没有未来也没有过去的社会,因为它既没有空间的外延也没有时间的伸展,这是一个此处和彼方密集地同时呈现的社会——换句话说,一个在电子传讯中呈现整个世界的社会"。当代法国技术思想家维瑞里奥 (Paul Virilio) 如是说。

而爱情,本是一种时间现象,情书就是它最好的表征。既然时间的伸延状态消失了,爱情还会存在吗?

距离的消失

十二月十一日

　　我有一个朋友,他不用手机,甚至不接电话。找他永远只能找到电话录音机,而他还有一个规矩,那就是回电总在一天之后。为什么?他的解释是"我和所有人的沟通至少得间隔一日的距离"。原来在实时通讯的年代,他想勉力守护时间的神圣,哪怕只是一天。

　　往日的爱情因为时间的间隔,总是充满了猜疑,充满了不确定的因素,也因此需要恋人付出更大的信心与耐心。你想要的答案不能立刻得到,所以你只好相信,否则就会陷入惶惑之中,难以自拔。

　　但是现在,我有任何疑问,直接拨一个电话甚至发个短信就行了。假如一小时以内没有回音,我便坐立不安;假如是一天,我便能确定没有回答就是他的回答。

于是我们看不懂老电影,读不懂老情诗,我们不再懂得爱情了;因为时间不再长远古老,过去消失,存在的只是不同地点上的同时现在。

喜造生词的维瑞里奥在谈及生态危机的时候提醒读者,不能只是顾及大气层的污染,还要注意"速度层"的破坏。"速度层",dromospheric,来自希腊文的dromos,速度和奔跑的意思。所谓"速度层",指的是人类运输与沟通的方式,以及这些方式存在的场域。而速度层的破坏,维瑞里奥要说的就是"路径"的消亡。

前人要从某地移动到另一个地方,或发出一则信息,总要经过一段路径,在空间上呈现了两地的距离,在时间上表现了通达两地之间所需的度量。我族人类无论是认知世界、了解自我,还是建立关系,意识里都有这么一个外在世界的速度层,明白时空之庞大与限制。

然而实时通讯却取消了这个物理世界的限制,就像广告常说的,"这是一个没有距离"的世界。没有距离,就没有路径;没有路径,也就没有出发点和目的地。我和他,没有距离没有分别,所以他消失了,我也是。

释放

十二月十三日

等了这么久,冬天终于来了,在这圣诞节的前夕。

天还没亮,我小心地穿越漆黑的走廊,尽量不发出一点声音,怕吵醒了你。你要好好地睡,因为前面还有好长的一段路;你睡得很深很深,因为你皱紧了眉,似乎在思考远方。这很好。

我穿上了靴子,开门就是一片深蓝。外面的路灯仍未熄灭,大门外那那颗圣诞树闪亮,而且发出熟悉的乐声:"Jingle bell…"沿路下山,车辆稀疏,我看到一个小公园,于是踱进去选了张石椅坐下,等待第一批出来打太极拳的老人。

你曾问过："听说你入院了，现在好点了吗？"不要再问了，忘记这个问题吧。看，天就要亮了，颜色正在转变，很快就是你该上路的时候。当第一线阳光透过薄薄的窗帘照到你的脸上，你会渐渐苏醒蠕动，然后发现背部与肩膀有点疼痛，好像压到了些什么。你吃惊地坐起来，看见床上有两三段绒毛，回手一摸，是翅膀！是的，你有一双翅膀了。

日光令人晕眩，一时之间，你迷惑，不知自己身在何方。何不依循本能，伸展身体，用你的嘴去亲吻初成的羽毛。张开它，让翅膀在太阳下干燥，发光，它们是白色的。你已成一只灿鸟，忘记我，忘记人身前世。

我坐在石凳上抬头看见你在窗前整理羽翼，准备。再见了，不要再回来，不要再来看我。隆冬将至，快往更温暖更丰庶的南方飞翔，只要跟上天际那一行大鸟，你就会找到你的归宿。

走吧，这样子飞就对了，不要低头，不要回旋。至于我？我早就做好了无尽冬眠的预备，预备让盛雪掩埋。如果有一天你回来，你不会再看见我，因为我在冰原六英尺之下，一个树叶年年遮盖，月亮夜夜皆圆的地方。很好的地方。

星的距离

十二月十六日

想要看到那颗我看不见的星星，有两种方法，而这两种方法都牵涉到时间。简单地说，我要活得再长一点。

首先，我们必须明白一个古怪的事实。理论上，夜空不该一片乌黑，它应该满布光点。因为宇宙里有几十亿计的星球，只要抬头，不管朝哪个地方望去，都应该看到满天星斗；更何况在那些星球与大地之间没有任何阻隔。但我们依然见不着这样的景象，这是为什么？

科学家说，如果全人类在一日之间消失，地球将有重大的变化。第一个可见的改变就是在人类消失的那天夜里，天空将清冷而黑暗，因为没有了光害，再也没有人工亮光的污染，其他动物会看到比往日更多的星星。即使如此，那些忽然感到巨变已至的飞鸟与走兽还是不可能看到挂满星辰的明亮天空。

这是因为自从大爆炸以后，宇宙持续地扩大，离我们愈远的星球将会以更快的速度奔向更远的地方。那颗星就在宇宙的边缘，它的光来不到地球，我也看不见它，因为它远离宇宙中心的速度要比光速还快。如果我活得够长，能够等到一种超光速飞行器的出现，或许我有追赶它的机会。追赶它，直到宇宙的边缘。

另一种情况是，当爆炸终止，宇宙归于平静，那些星星将会奔回宇宙的中央。它们会回来，就算我见不着也从未见过，在最远的边缘的那颗星，亦将归来，而且速度愈来愈快。这是宇宙毁灭的前夕，我抬头观望，天上是一片光幕。世界就要结束了，在构成那片光幕的无数光点之中，有它。我不知道以人类的尺度计算，这是多少年之后的事。我只知道自己要活下去，活到足以见证冰河重临复又消解，太阳焚烧地球而万物灭亡，那么久远，那么孤单。然后，我将看到它，在末日之前。

大城之路（一）

十二月十七日

今天去泰国游玩的旅客，如果厌倦了夜夜笙歌、日日按摩的生活，又或者害怕海啸不知何时又会如墙涌至，卷走了沙滩上的少女与冷饮，他可能会想到某些古迹，到底这是一个古国，不是吗？假如从曼谷乘车北上，用不了两小时，他将来到一个叫做"阿育塔亚"（Ayutthaya）的废城，中古王国的首都，华人管它叫"大城"。那确实是座大城，几百年前住在此地的外国人不比今天穿着牛仔裤去凭吊的游客少；它的国际化程度，即使是唐代的长安市民也不能想象。

但是一个17世纪的欧洲人要来一趟大城，是件多么不容易的事呀。你从意大利出发，经过地中海穿越了直布罗陀，进入大西洋转过好望角，再渡过了印度洋，来到暹罗湾，好运的话，这是一年多的航程。这时候你面对的问题，是不知哪一道河口才是昭帕耶河，因为暹罗湾沿岸平坦，每一条河的河口看来都很像，没有特别表征可以区别。例如在澳门相当著名的葡萄牙大诗人贾梅士（Luis de Camões），他在你之前不久也想去大城探险，可是他走错了路，直至深入内陆五十里，他才发现自己进的是湄公河。

假如你正确地把船驶进了昭帕耶河，你要小心附近的暗沙。万一搁浅，你就只能看着熟练地驾驶轻便快船的福建水手微笑着绕过你那笨重的远洋巨轮，扬长而去。

假设你经过了考验，沿河直上，可别只顾着两岸的芭蕉棕榈与不时在空气中浮动的野兰香气，你必须小心头上成群的蚊子，和偶尔从岸边跳进船舱偷取食物的黑猴。

大城之路（二）

十二月十九日

好不容易渡过了重重沙洲，眼前的昭帕耶河两岸，沃野千里，良田处处。这时候你一定会注意到船身左侧的水田旁边有一大块空地，上面有几间简陋的大型木屋，茅草铺顶，从样式看来不似暹罗民居，却也不能令人联想到任何地方。根据地图，还有船上的印度向导，你知道这就是荷兰东印度公司驻暹罗的货仓了。

还没上岸，它唯一的守卫就站在码头上向你招手了。他是个欧洲人，上身是脏兮兮的白色衬衣，腰部却围了一条沙龙，神情紧张。才握过手，他就问："你看到我的猫了吗？"然后他就自言自语起来，接着像想到些什么很重要的事似的，猛地向你笑了起来："这里真热,对不对?"

原来这守卫一个人在此看管货仓,等待从果阿开航的大船运走上游小艇带来的鹿皮与香木。他养了一头本地小黑猫,前一阵子走丢了,今天早上才找到,怎料一过中午又不见了。他请你和随员走进一间小茅舍,地上铺的木板散发出一股水边的霉味。招呼大家坐定之后,他就在大家面前开始准备晚餐。他用一把短小的军刀切菜,"反正用不着,这里安全得很"。突然,他咧开嘴露出一排黄色的烂牙嬉笑:"嘿嘿,要不要试试看?你一定没吃过。"他用刀尖指一指地上,一团模糊的血肉,上头还有苍蝇飞绕。"本地蟒蛇,我今天早上宰的。"

第二天早上,继续向北航行,目标大城。你坐在甲板的椅子上顶着太阳写信:"我昨天渡过了湄南河上的第一个晚上。这里的一切都很新鲜奇特,好在本地人相当友善,食物美味,夜里还有非常悦耳的鸟鸣,我真希望你也能跟我一起经历这一切。不知道你新婚之后的日子过得可好?抱歉我来不了你的婚礼,但你知道,我总是为你祈祷。"

大城之路（三）

十二月二十一日

经过船舶稠密贸易繁盛的曼谷与龙布里之后，你愈来愈不耐烦，不知道为什么暹罗王要以阿育塔亚为都，不知道为什么它会成为远东第一大港。要从海上确定昭帕耶河的入口已经够难了，进河之后还要兜兜转转，躲避河底的暗沙与河边的浅滩。"一点道理也没有。"

虽然你早都知道了，但你的印度向导还是很有耐心地再向你解释一次："阿育塔亚是个良港呀，上游来的象牙、红木、鹿皮与香料都会运到那里。中国水手都知道怎样安全迅速地航行，他们的茶叶和瓷器可说是源源不绝。当然还有那些从日本回来的船，日本的银子比起新大陆来货稳定得多,取价又公道……"

　　身为法兰西特使,你得到的已是特别待遇,国王陛下的官员早上特地登船问好。此刻他静静地坐在你的后面,见你回头,就温文至极地展露微笑。纳赖国王开明大度,他的帝都不只聚居了各国商贾,容许耶稣会开办修院,他还聘请过荷兰人与法国人担任财政大臣,就连日本人都可以加入他的皇家卫队。传说他通晓各国语言,谁知道他的臣下会不会听得懂你适才的对话呢?

　　一整个下午的景观都相当平淡,除了稻田之外就是果树,这是整个王国的基础。四周宁静,水不兴波。反正无事,你就把上午写好的信拿出来誊抄一遍,删掉一些字句,例如"我一路上都在想你",换成"到达暹罗湾之后,海面就平静起来了"。

　　忽然,船慢了下来,甲板上一阵骚动。你一抬头就看到了,河水转弯的地方,夕阳之下,是无数的金塔盘旋灿烂,无论看了多少回,船员还是静了下来,目瞪口呆,一个被九道河流包围,城墙高耸的大岛正在眼前缓缓敞现,你之前的所有疑虑这刻一扫而空。阿育塔亚,大城,远东王国冠顶上最明亮的宝石。

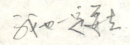

大城之路（四）

十二月二十三日

　　欹欤盛哉！阿育塔亚城里寺庙林立，每一座佛寺都有高耸云顶的浮屠，其中有一些是早期从吴哥帝国学回来的高棉造型，然而更多的是沿袭自素可泰王朝的暹罗样式。这些庙宇里的佛像极尽巧工，排成一行行的长列，上面铺满了王国全境信众带来的金箔。整座建立在岛屿上的帝都就像水上浮起的金山，上头是烟火形成的雾气缭绕，僧侣不断诵经与偶尔作响的钟鸣则在河面平静飞翔，直到远方的船上。

　　我混杂在乘旅游巴士而来的各国游客堆里，不小心撞掉其中一人的相机（对不起），再经过一队安上了坐椅的大象与正向游客推销的驯象人，走进一家寺庙的遗址。地上全是碎落的砖石，残余的巨塔上有火焚之后熏黑的痕迹。三百多年前，暹罗世仇，野心勃勃的缅甸王趁着阿育塔亚的衰微，挥军直入，劫掠烧杀，把这座伟大的城市还原成河水交汇的小岛。同样是佛教王国，但他们毫不留情。然后我看见了那尊常在精装画册上出现的佛像，金彩尽退，肃穆祥和地包裹在一株后起的榕树躯干之中。数百年间，它经历了一个王朝的覆灭，与一株植物的兴起。

如今的阿育塔亚已经不是我们那位欧洲特使当年看见的那座大城了，它是"联合国教科文组织"（Unesco）重点保存的人类文化遗产。和所有Unesco修复的废墟一样，这里每座佛寺的周围都是一片整洁的草地，就像博物馆里摆放文物的素色木座，用来衬托它的价值，突显它的历史感。"历史感"？那到底是多少年的历史呢？这不重要，五十年、三百年还是一千年都不打紧，因为这个历史感是空洞的。有草地，有木座，上面的展品就有了怀旧的感伤，正好让游客拍照留念。

大城之路（五）

十二月二十五日

　　你来的时候不巧，国王纳赖重病垂危，一向不满他重用外国人，纵容天主教传教士在城里兴建教堂的大臣们正趁机策划阴谋。这个东方异教王国除了僧人，向来最不缺的就是宫廷政变。果然，就在你进城之后的第二个月，国王纳赖先是在床前惊讶地看见自己儿子的人头，他被刺客谋害；后来则模模糊糊地听到两名弟弟已被处刑的报告，他们的罪名是叛乱，按照传统礼仪以檀木棍击打至死，没有流出一滴王族的血。首相在国王病逝之后立刻即位，因为已经没有其他继承人了。

　　那天中午，你正在院子里研究一种据说可以驱蚊的药草，他们急急忙忙地冲了进来,说是要赶快收拾行囊。"新王刚刚下令处死法尔康,所有外国人都在撤离,我们也得先退到曼谷再观察局势的走向。"法尔康是老王最信任的意大利籍希腊人,担任朝廷财务总监多年,是本地所有外国人中地位最显赫的。他死了。

于是你也在手下的簇拥之中,匆忙登船,留下地上一片杂物混乱。那里面有你一路上写下来的信,还不知何时寄出才好,更不知该不该寄。不过那都不重要了,反正你把它们留在了阿育塔亚,在这改朝换代人心惶惶的时候,在缅甸大军即将屠城的前夕。

三百多年之后,我来了。如今这里是一个旅游胜地,繁华曼谷之外寻求文化洗涤的郊野小镇,再也看不出它的璀璨奢华,也看不出那最后一夜的号哭与血污。可是我知道,你那堆信一定还在某个地方,你绝望的字迹一定还在阿育塔亚,"既然你的婚事早就安排好了,我就没有不去东方的理由"。

废墟里有很多残破的佛塔,手足并用地爬上去之后,会发现一些洞窟。我走进去其中一个,里面竟然有附近居民新设的小坛与香火,地上还散着信徒祈愿的字条。我翻了一翻,没找到你的信;但是我放下了我的那封,"真的没什么。我只是想说,我很好"。

平安夜
十二月二十八日

平安夜的教堂总是喧闹的，人很多，有些是一年只来这一天的教徒，更多的是年轻观众和情侣。你知道，这个晚上总是要有节目的。如果不想挤在人堆之间看虚假的白雪飘荡，最好是到教堂，城市之中的异域，别有风情，尤其天主教堂。虽然仪式冗长不知所以，但是他们的衣装华丽，他们的音乐回响在结构精巧的梁柱之间，甚至还有古怪的熏香飘散，不枉这两小时的枯站，起码你们拖紧两手。

告解室外的人龙比任何时候都长，那些一年只来一次的信徒要倾诉整整一年的过错；而神父，侧身聆听。

我问师傅："他是不是我的考验，沙漠中徘徊的狮子，山顶上为我指出世上财富与权力的撒旦，他是不是我的诱惑？"

因为我没有一天不想念他。常在最意想不到的时刻，我仿佛堕入另一段时空。比如说走在没有人的街上；一辆出租车驶过，后座有一个乘客低头打着电话。比如说站在客厅里熨一件衬衫，厨房里的水壶突然呜呜作响。又比如说对着一群陌生人演讲，关于生命的种种不测，某个角落突然有一叠纸张坠地。我永远不知道是什么东西触动了开关，将我送进一阵空白之中。

然后我会开始思念他，担心他柔弱的身体会不会受不住冬天的冷风，想象他在热闹的节日里会不会格外寂寞；我为他的新工作兴奋，为他有新的朋友感到安慰。

他是魔鬼替我设计的陷阱吗？

师傅说："不，他是你的老师，难得的老师。你要好好在他身上学懂爱，然后像思念他一样地思念其他人，像爱他一样地爱其他人。"

佳音

十二月二十九日

我们来到医院三楼的大堂,仍在住院的病人一个个坐在椅子上围成半圆等待。先是医院里的社工循例讲话,感谢再感谢之类的内容,然后我们就唱:"欢喜来到世上,一个新王为我们诞生了。"

新王诞生,于是有人开始低泣。

病人不是一种人。有一位坐在轮椅上的老先生,鼻孔插着一条透明的胶管,连接椅后吊挂的一具仪器,他双眼迷茫,似乎从头至尾不知这是怎么回事,也不知自己身在何方。又有一个穿着松胯睡衣的小孩,头发秃了,躯干瘦弱,很兴奋地看着悬浮在天花板上的气球

（他们会不会送他一个呢？）。还有一个年轻人，非常不耐烦，要不是左腿打了石膏，这场活动绝对不属于他。

还有一个女人，年纪不大，顶多五十来岁，她哭泣，先是默默流泪，愈哭愈激动，最后泣不成声。我以为她是受感动了，也猜测她的病情是否非常严重，直到我看见她的女儿把一根麦克风线似的东西塞进她的耳朵，然后对着线的另一头说话，女人一边哭一边用力点头。原来她听不见。她看见我们的嘴唇张合，她知我们来此的用意，但是她听不到我们在唱什么。

"很快，她就什么都听不见了。"她的女儿在茶点时间向我们解释，那是种突然的怪病，迅急地夺走她的听觉。这个女人彻底失聪前的最后一个圣诞节，就是这样子在医院里度过。我往人群外缘看去，她坐在大堂一角低头啜饮红茶，双眼仍然发红，沉默。

这时，我们之中年纪最小的那个兄弟放下了碟子，拿起一张歌单朝他走去，温柔地蹲在她的身边。女人有点吃惊地看着这个全身粗布白袍的年轻人，忽然又哭了起来。因为他在唱歌，很轻很轻地唱，只唱给她一个人听。小兄弟用一根手指引导她注意纸上的歌词，一个字一个字地指给她看，并且随着旋律，以指头的动作在文字间划出一道道弧线，就像用手指唱歌。慢慢地，两人都不再作声。我走过去看，原来他们已经唱到这一首了，"silent night, holy night"。

沙之书

十二月三十一日

我不知道我还能写多久,一年结束了,另一年开始,出路在哪里呢?假如文字的出路还是文字,书的出口只在书里面。

和很多人一样,我第一次认识法籍阿拉伯裔诗人雅贝(Edmond Jabes),是通过德里达的《书写与差异》。这个流亡诗人不断伪造先知的言语,是为了征召一支文字的部落与书的种族,在沙漠里炫耀巡游,赞颂上帝。上帝是沙漠的上帝,除他之外,别无真主(难道不奇怪吗?世上几个最重要的一神信仰都来自沙漠);而沙漠之外,再无他物。上帝被囚禁在沙漠里了,但他同时也是沙之主,风暴之王,绿洲的泉水,空气中的城市。

沙漠是什么呢？雅贝借着一个犹太拉比的口回答："你正在书写的书有多少页为着生，多少页为着死，多少页使你与自我隔离，多少页使你与书隔离且终于弃了书？书，成全于沙漠，不尽而虚浮。"

文字又是什么？"且握起一把沙子……你就知道文字的虚浮了。"

写作怎能予人出路？如果世界是沙漠，而文字是人在上面走出来的路的话？好比一张白纸，我在上面写下这一行字："我将离去"；但这行字永远离不开这张白纸，它在纸上叛逃，却永远是纸张的囚徒，不落在纸上的字不可思议。正是文字凸显了纸张的无边广阔，证明了它的绝对存在。

因此纸上的"我将离去"是一句无奈的自嘲，是一句无效的谎言。雅贝坦白地说："曾是我第一位师长的雅克布拉比认为撒谎是种美德，因为没有谎言就没有文字，而文字乃是上帝的道路。"只不过上帝的道路只在一瞬间呈现，随即又被掩埋在变幻不定的沙丘之中。我们写字，以跟随他的道路，终究只是自欺欺人的壮举。

跋

那年夏天，是香港历史上最热的夏天。学校不再上课，或者说，每一节课都变成了历史课；平素昏沉呆板的老师这时都成了大演说家，站在桌前慷慨激昂，目光含泪。写字楼里不再上班，大家围在收音机旁，老板不只不指责，还从房里走出来下令："开大声点！"一室肃然，鸦雀无声，只听到纸页偶尔被风翻动。

都已经到了这种时候，你却还在书房里沉吟一句诗的韵脚，琢磨最恰当的隐喻，好让诗里的每一个字都像项链上的宝石那样，精稳妥当，不可动摇。这，难道不野蛮吗？

那年夏天，我第一次遭遇艺术与革命之矛盾，创作自主与社会责任之优次的困境，而且是很切身地遭遇。那年我十八岁，正要参与人生第一部实验剧场创作，正想把积压了十几年的青年郁闷和刚刚学到的青涩理论全部呕吐到黑色的台板上。但是所有那些比我年长也比我成熟的伙伴却在争论这台戏还该不该演。"艺术的目的到底是什么？"他们问："难道不就是为了回应时代，甚至呼唤那未来的世界吗？如今，世界就在这黑匣子外边，时代已然降临。我们竟然还要演戏？这岂不是太过自私！"也有人主张，如果政治是为了实现个人的自主，我们凭什么要在这巨大的热潮前隐身让步？始终不懈地实践自己的艺术追求，恐怕才是体现自由的最佳选择。毕竟，在属于斯大林的夜晚，连唱一首情歌也是政治的。就是这样，两帮人争论了几个日夜，到了演出的那一天，有人留在剧场，有人则上街寻找他们心目中更大而且更真实的舞台。那年夏天，连剧场的老观众也都不见了，他们一一隐身于街头的人海洪流。

很多年后，我在已故台湾学者吴潜诚的书里初次读到爱尔兰诗人希尼（Seamus Heaney）的《契诃夫在萨哈林岛》（*Chekhov on Sakhalin*），乃能逐渐逼近这个问题的核心。契诃夫和鲁迅一样，是位医生作家。不同的是，这位短篇小说的王者不只以文字诊治俄罗斯，而且从未放弃过行医救人。饶是如此，他仍深深愧疚于自己的失责；世间苦难深重，他却放纵自己的艺术才华，这实在无异于一种轻佻的冒犯。于是他决定走一趟萨哈林岛（也就是今天的库页岛）。那是沙俄时期的监狱岛，囚禁的全是政治犯和"暴乱分子"。契诃夫要为岛上的犯人写一本书，描述他们的故事，转达他们的声音。很明显，这是一趟赎罪之旅，而且是非常艰苦的旅程。因为从莫斯科到远东，中间是西伯利亚的苦寒荒芜，行程至少六个月。起行之前，朋友赠给他一瓶顶级法国白兰地。他就把这瓶昂贵的琼浆放进行囊，一路摇摇晃晃，在登陆岛上的第一个晚上，他才终于打开了这瓶白兰地。

希尼如此形容那一刻:"作家正在享受琥珀色的白兰地。在周围弥漫着迫害气息和残酷音乐当中,他品尝着浓郁的醇酒和奢华的放纵。"那瓶酒,不只是朋友的礼物,也是一位艺术家的"天赋"(gift)。契诃夫在脚镣撞击的声音中,尽情享受创作的欢愉,释放自己天纵的才情。因为这一刻他心安理得,他的赎罪之旅已然结束(却也同时开启)。在两座险峻悬崖之间的铁索上,他找到了几不可得的精巧平衡。

大概从那年开始,我就知道自己不可能是个作家;而且由于荒废日久,也必将失去艺术创作的想望与能力。因为我的旅程没有尽头,完美的平衡始终未达;在艺术与赎罪之间,我严重倾斜,摇摇欲坠。

于是这本小书,不妨看作是途中偷偷舔舐酒瓶的结果。路上太过颠簸,天气阴晴不定,再好的酒也难免走味;就更不要说我深深珍重的,也许只不过是一把破敝的扫帚。

再直接点说,这里收录的全是我在评论(以及"类评论")之外的副产品。它们全凭外缘而生,如果没有人约稿,我自己根本不会无端动手。

例如,《我执》那些看似日记的虚构散文习作,本是香港文坛前辈叶辉约我在他主编的报纸上所开的专栏;他在位多久,这个专栏就有多短寿。所以这堆东西的数量也就只有这么多。说起来,那还是我写作量最大的时候,本来每天就要交出一篇以上的评论,可是叶先生的面子我真是不能不给。问题在于该写什么好呢?时事、饮食、电影、音乐、书评和文化评论,能写的我都在其他报刊上写了。想了半天,才决定仿效罗兰·巴特的《恋人絮语》,弄一批看起来很"感性抒情"的思考笔记,因为叶先生说我还未发表过"感性的散文"。

又如,《我的病历》,它是应老友胡恩威所邀,为剧团"进念·二十面体"的《断章记》场刊所作。时值1995年年尾,张爱玲几个月前去世,《断章记》是献给她的剧场悼文。可是《我的病历》与张爱玲根本无关;如果有关,顶多就是背后那种冷酷的态度。

剩下的全是即兴活动,有时是自己的评论专栏快要断稿,苦无素材下的应急文章;又有时是香港文学杂志《字花》催促出来的凑合游戏。悉小道耳,并不足观。

对了,为我撰序的邓小桦正是《字花》的编辑,香港文化界的新锐一代(这代人颇成气象,他们将来一定会踩着我的背脊前进)。由于我自己也不晓得怎么形容这本书,只好请她提出她的诠释。多谢她在最后一刻交来这篇文章,看得我十分惭愧。

2013.4.1.

起初对粱文道的印象是源于舒国治的书的封面。他推荐的书我都很喜欢,一直以为他是个评论家,不知道他也出书罢了。

后来看了《噪吵与小宁静》,就很爱他了。像个不沾人间烟火的素雅,好佛,睿智,在浮躁的媒体行业中难得一见的平和与持重。我终爱的男人气质。

还有普通话不买卖的马家辉。还穿一双帆布鞋的家辉。只是他们风格不同。家辉更感性,更细腻,并且更潮流。

家辉是港派爱伶俐。我也闲猿真个都作过的作家。那家辉之后,就是梁文道了。

小章鱼己阅!!!